MÉMOIRE

HISTORIQUE ET POLITIQUE

SUR

LA LOUISIANE.

IMPRIMERIE DE CHAIGNIEAU AINÉ.

Mᴿ. DE VERGENNES,
Ministre des affaires Etrangères
sous Louis XVI.

MÉMOIRE

HISTORIQUE ET POLITIQUE

SUR

LA LOUISIANE,

PAR M. DE VERGENNES, MINISTRE DE LOUIS XVI,

Accompagné d'un Précis de la vie de ce Ministre, et suivi d'autres Mémoires sur l'Indostan, Saint-Domingue, la Corse et la Guyane.

Orné du portrait de M. DE VERGENNES.

———————

A PARIS,

Chez LEPETIT jeune, libraire, Palais du Tribunat, galerie de bois, n°. 223, et rue Pavée André-des-Arts, n°. 28.

AN X. — 1802.

PRÉCIS

DE

LA VIE DE M. DE VERGENNES,

PAR L'EDITEUR.

Quand tous les yeux sont fixés sur la Louisiane, que la chambre du parlement de la Grande-Bretagne lui-même retentit du bruit de sa restitution à la France, on ne verra point sans le plus vif intérêt le Mémoire historique et politique sur cette vaste contrée, le plus complet qui ait jamais paru. Mais quelque soit le degré d'intérêt qu'inspire le sujet de cet ouvrage, il devient beaucoup plus puissant, si l'on considère la source d'où il est émané.

On ne peut douter que ce Mémoire ne soit sorti de la plume de M. de Vergennes ; plusieurs phrases de son Introduction au roi, la découverte qui en fut faite dans ses papiers, ses armes à la tête de l'ouvrage, son style, ses pensées, tout concourt à le démontrer. En 1768, lorsque ce profond politique retraça sous des couleurs si vraies et si énergiques les intérêts des différentes puissances de l'Europe, il donna la mesure de sa capacité et la plus haute idée des ressources que la France

pouvait attendre de ses combinaisons diplomatiques. Sans cesse et plus spécialement occupé de
la grandeur et de la gloire de son pays, il ne laissa
passer aucune occasion de lui consacrer le résultat
de ses veilles, de ses méditations; et c'est ici que
l'on découvre le grand ministre.

La France est armée pour la cause des insur-
gens en Amérique; çe peuple, en naissant à la
liberté, va peut-être aussi naître à l'ambition; la
Louisiane touche à ses états; si ce vaste pays allait
exciter son envie! Que fait M. de Vergennes? il
dépose dans le sein du monarque ses inquiétudes;
il y porte avec sa modération ordinaire les lumières
de sa prévoyance; d'une main il donne aux Américains toute espèce de secours, de l'autre il remet
à Louis XVI des armes contre ce même peuple,
dont il entrevoit d'avance les belles destinées et
peut-être l'esprit de conquête. Il fait remarquer
au monarque les avantages qui résulteraient pour
la France du recouvrement de la Louisiane. Son
tableau ne laisse rien à désirer, quant au cadre
qu'il s'est proposé; mais il est des particularités
piquantes concernant cette immense et malheureuse contrée, dont il n'avait point connaissance,
ou qu'il n'aurait point jugé convenable d'insérer
dans son Mémoire; je me fais un devoir de les publier ici, et j'en garantis l'authenticité.

Quand la Louisiane fut cédée à l'Espagne, les

habitans au désespoir envoyèrent des députés à la mère patrie, pour représenter la perte immense que cette cession lui causerait un jour. M. de Saintelette, qui était du nombre des députés, fit observer à cette occasion, qu'il était même de l'intérêt de l'Europe et de son commerce de ne point remettre cette possession aux Espagnols, parce qu'il fallait une barrière entre leurs colonies et celles de l'Angleterre, qui forment aujourd'hui les Etats-Unis d'Amérique. Ce politique prudent, chez qui la force de l'esprit égalait celle du corps, prolongeait ses regards, trop méfians peut-être, dans l'avenir. « Cette nouvelle puissance, disait-il, » dont la population doublera tous les vingt ans, » menace déjà les colonies de l'Europe dans cette » partie du monde. Son exemple, son voisinage et » ses forces y amèneront, dans plus ou moins de » temps, l'indépendance des colonies espagnoles, » et le commerce de l'Amérique sera perdu pour » l'Europe. Si au contraire la Louisiane était restée » au pouvoir des Français, ou si elle y rentrait, » elle formerait, entre le Mexique et les Etats-Unis, » une barrière que ces derniers craindraient de » franchir, et, sous ce point de vue, il est même » de l'intérêt des autres puissances commerçantes » que la Louisiane soit remise aux Français ».

M. de Saintelette est du grand nombre de ces hommes rares et modestes qui ne sont point assez connus ; il avait reçu de la nature une force de corps prodigieuse , et les facultés de son ame n'étaient pas inférieures à celles de son corps. Lorsqu'il était en rhétorique , il fit un traité sur la sphère ; le père Buffier en fut si content qu'il le fit mettre à la tête de sa géographie. A Lunéville, il reçut la visite d'un Anglais qui passait pour un des hommes les plus forts de son pays : il était venu exprès pour essayer si M. de Saintelette méritait que sa réputation fût parvenue jusqu'à lui. Après plusieurs refus , piqué par les instances trop vives de l'Anglais, M. de Saintelette lui dit : « Au moins si je vous serre trop et que je vous fasse mal , ne manquez pas de m'avertir ». L'Anglais , après l'avoir étreint à sa manière, oublia l'avis de M. de Saintelette qui , le voyant défaillir entre ses bras , et jetant le sang par la bouche et par le nez lui cria , en le portant sur son lit : « Vous voulez donc , monsieur , que je vous étouffe , puisque vous ne criez pas ».

M. de Saintelette dut la conservation de sa vie au choix que les colons firent de lui , pour l'envoyer en France porter leurs justes représentations ; car , dans son absence , plusieurs d'entre eux ne voulant point se soumettre au joug espagnol , et sans doute ceux qui avaient le plus de courage et d'attachement pour leurs pays furent condamnés à mort. Comme il n'y avait point de bourreau dans la colonie, on s'adressa à un nègre, qui refusa : on le menaça de le pendre lui-même s'il n'obéissait; après un quart-d'heure d'absence, ce nègre, atrocement sublime, revient et jette au milieu du conseil son poing et la hache dont il venait de se l'abattre. «Maintenant, leur dit-il, vous ne ferez plus de moi un bourreau». On fusilla les Français (1).

Ces détails étaient vraisemblablement connus de M. de Vergennes; mais, comme il le dit dans son Introduction, en peignant des sauvages il n'a point cru devoir employer des couleurs étrangères à leur description. Eh! quel homme observa mieux que lui les convenances politiques et littéraires? Ce modèle des ministres le fut aussi des pères de famille. Qu'il me soit permis de rappeler l'attention du public sur ce grand homme, de lui présenter l'esquisse d'un portrait que tous les gens de bien portent gravé dans leur cœur.

A peine M. de Vergennes avait-il atteint sa vingt-unième année, lorsqu'il accompagna le comte de Chavigny, son oncle, dans l'ambassade

---

(1) Je tiens ces faits d'un ami de M. de Saintelette, actuellement à Paris, et qui, lui-même, remit à M. le duc de Choiseuil un mémoire sur la Louisiane, dans les mêmes principes et avec les mêmes vues que M. de Vergennes.

du Portugal ; là s'ouvrit sa carrière diplomatique ; elle se couvrit d'épines, du moment qu'il fut envoyé avec son oncle auprès de Charles VII, électeur de Bavière, successeur de l'empereur Charles VI ; la mort de ce dernier avait armé autour de son trône une grande partie des puissances de l'Europe : Charles VII succomba. Précipité du faîte de sa grandeur, dont il n'avait joui qu'un moment, chassé de ses états, il porta de ville en ville, et son infortune et son vain titre. Le comte de Chavigny et M. de Vergennes lui prodiguèrent toute espèce de consolations, pendant son règne, qui ne fut qu'un tissu de calamités, recueillirent ses derniers soupirs, partirent de Munich, et d'après leur nouvelle destination retournèrent à Lisbonne.

C'est alors que M. de Vergennes donna le premier essor à ses talens diplomatiques ; ses Mémoires sur le libre usage de la colonie du Saint-Sacrement, et sur le traité de commerce qu'on désirait alors de conclure avec le Portugal, en donnèrent la plus haute idée. Aussi, de retour de Lisbonne en 1749, M. de Chavigny dit-il au roi ces paroles remarquables : « Le jeune négo-» ciateur que j'ai formé, n'a plus besoin de mes » secours, et j'aurai besoin des siens pour conti-» nuer à servir votre majesté ; il est temps que je » finisse ce qu'il commence». Cette recommandation valut à M. de Vergennes la dignité de ministre résident près de l'électeur de Trèves. On sait avec quelle sagacité il sut paralyser et détruire tous les efforts de la cour d'Angleterre dans le congrès de Hanovre : le duc de Newcastle ne put s'empêcher lui-même, en écrivant à M. de Saint-Contest, de rendre justice à la capacité du négociateur français.

Mais ce n'était encore que le début de M. de Vergennes ; une mission plus éclatante et des fonctions plus vastes l'attendaient sur un plus grand théâtre : une mort subite enleva M. Desalleurs, ambassadeur à la Porte, et M. de Vergennes fut choisi pour le remplacer : il passa quatorze années à Constantinople.

Après la paix de 1767, les puissances du Nord formaient une ligne redoutable contre celles du Midi; l'Europe était menacée d'une guerre générale : le duc de Choiseul s'attache, pour détourner l'orage, à faire intervenir les Turcs au milieu de cette coalition. M. de Vergennes est chargé de mettre tout en œuvre pour les soulever contre les Russes; il y parvient; mais il avait fallu du temps pour déterminer la Porte à cette guerre; des mesures sages furent appelées des lenteurs; plus d'une fois le négociateur montrait de l'opposition aux désirs du ministre; ce fut dans un de ces momens que le duc de Choiseul fit en peu de mots l'éloge de la prudence et de la sagacité de

l'ambassadeur. « Le comte de Vergennes trouve
» toujours des raisons contre ce qu'on lui propose,
» mais jamais de difficultés pour l'exécuter; et si
» nous lui demandions la tête du visir, il nous écri-
» rait que cela est dangereux, mais il nous l'en-
» verrait ».

M. de Vergennes obtint son rappel et partit
pour la Bourgogne; bientôt il fallut rentrer dans
la carrière. En 1771, il fut nommé ambassadeur
en Suède : on sait qu'il y fournit au roi, au nom
de la France, des secours qui hâtèrent la révolution; il est à présumer que ses talens ne contri-
buèrent pas moins à l'accélérer; ce qui lui valut
un témoignage éclatant de la reconnaissance du
roi, qui lui fit présent d'un diamant monté en
bague, sur laquelle était inscrite l'époque de la
révolution : il demeura jusqu'en 1774 en Suède.

Cependant ses longs travaux avaient affaibli
sa santé; fatigué par diverses indispositions, il
demandait son rappel, lorsqu'il apprit sa nomi-
nation à la place de ministre des affaires étrangères. « Un parfait accord, dit M. *Vicq-d'Azyr*,
» s'établit entre le souverain et son ministre; le
» cabinet de Versailles acquit une prépondérance
» marquée, et l'on vit se perfectionner un système
» de négociation où les calculs ont plus de force
» que les menaces, et dans lequel on ne verse plus
» de sang pour de vains mots de représailles, de

» vengeance, de grandeur ou de gloire, mais pour
» surveiller à la richesse nationale ou pour obéir
» aux lois de la nécessité».

A quelques années de calme succédèrent ces
grands événemens qui changèrent la face politique de l'Amérique septentrionale; lasse du joug
anglais, elle avait proclamé l'acte de son indépendance : Louis XVI ne se contenta pas de la reconnaître, il la soutint par ses armes. Une paix glorieuse et la liberté des insurgés furent le prix de
cette alliance, et mirent le comble à la gloire
du ministre qui les avait préparées, sans cependant mettre un terme à ses succès diplomatiques;
il lui restait à devenir le médiateur entre la Porte
et la Russie, à pacifier Genève, à former une
alliance entre la France et la Hollande, et à conclure différens traités de commerce, soit avec le
roi de Suède, soit avec le duc de Mecklenbourg,
soit avec l'impératrice de Russie, soit enfin avec
l'Angleterre.

Une seule dépêche, les instructions données au
marquis d'Estrades immortalisèrent le marquis de
Lione; le résumé des intérêts des cours, que M. de
Vergennes offrit en 1768 à la cour de France,
eût suffi pour lui mériter une place distinguée
parmi ces hommes profonds qui ont su indiquer
et poser les fondemens de la prospérité publique
sur une politique et une législation bien entendues.

Pour connaître à fond ce grand ministre, ce n'est point assez que de l'avoir étudié au milieu de ses fonctions, dans ses relations avec l'étranger, dans ses écrits, en un mot dans l'éclat de sa grandeur et de sa modestie, il est plus doux encore de le surprendre au sein de sa vie privée, de ses occupations domestiques. Placé sur le théâtre inconstant où s'agitaient les premiers intérêts des diverses puissances, il ne perdit jamais de vue ceux des particuliers ; son zèle infatigable sut toujours trouver les moyens de les servir tous deux ; jamais il ne remit au lendemain ce qu'il pouvait faire la veille ; il consacrait au travail les jours entiers, depuis le lever du soleil jusqu'à dix heures du soir ; cette habitude lui était commune avec le cardinal de Bernis, qui, même dans un âge avancé, donnait quelquefois des audiences à six heures du matin, pendant l'été (1).

Il n'attacha jamais aucune importance aux formules consacrées par l'étiquette, sur-tout à la qualification de *Monseigneur* ; cependant, il conserva toujours avec les puissances étrangères ces formes qui tiennent plutôt de la dignité que des convenances. Jamais dans ses conversations il ne prétendit à l'esprit, et n'en montra pas moins cette facilité naturelle, qui résulte d'un grand

____

(1) En 1785, il reçut à cette heure dans son palais d'Albano l'Éditeur de cet ouvrage.

fonds de connaissances; il devait à l'habitude raisonnée des affaires ce ton qui convient aux personnes et aux choses.

Sa philosophie et sa modération ne lui ôtèrent rien de sa fermeté; à peine entré dans la carrière diplomatique, il en donna des preuves à Trêves, à Hanovre, à Manheim; pressé de s'expliquer sur les motifs de la protection accordée par la cour de France aux insurgés des Etats-Unis de l'Amérique, « Le roi de France, dit-il, n'a d'autre but » que de rendre le commerce libre à toutes les » nations ».

A ces rares qualités, M. de Vergennes joignait un désintéressement dont on trouverait difficilement des exemples plus touchans dans les républiques trop vantées de Rome et de la Grèce. A Constantinople, il avait rendu les plus grands services à la chambre du commerce; jalouse de lui témoigner sa reconnaissance, elle offrit de riches présens à l'épouse de cet ambassadeur; il les refusa : «J'emporte, leur dit-il, des trésors plus » précieux à mon cœur, votre estime et vos re- » grets». Après son départ les négocians français placèrent son portrait dans la chambre.

Nos rois avaient coutume de donner aux ministres, qui avaient négocié et qui étaient parvenus à conclure une paix, des gratifications considérables; elles s'élevaient quelquefois à un million, ou pour le moins à cinq cent mille livres : M. de Vergennes se contenta de l'honneur d'avoir pacifié l'Europe et l'Amérique, et ce ne fut point au trésor qu'il dut l'augmentation de sa fortune; l'économie et un ordre sévère dans sa maison en furent l'unique source. Quoique son intégrité fut connue de tout le monde, il n'en fut pas moins exposé aux instances de ces hommes accoutumés à échanger leur or contre des honneurs arrachés à la séduction; sa probité le rendit inaccessible à ce métal corrupteur; on avait beau lui promettre un secret inviolable, « Je le saurais, moi, répondait-il ».

Avare de faveurs, il était prodigue de bienfaits; le malheur était le premier titre à sa bienfesance; sa conduite envers la mère d'*Asgill* excitera dans tous les temps la reconnaissance et la sensibilité de toutes les mères. Dans la guerre entre l'Amérique et la Grande-Bretagne, Lyppincort, officier anglais, fait massacrer de sang-froid Huddy, officier américain, son prisonnier, et s'échappe. C'est en vain que M. Washington demande qu'on lui livre le coupable : le congrès arrête que tous les officiers anglais détenus prisonniers tireront au sort, et que, pour réparation, l'un d'entr'eux perdra la vie. Le jeune Asgill est celui que le sort désigne; il est condamné, mais il n'a pas encore subi le supplice; Washington en retarde l'exécution.

La mère de cet infortuné le redemande à toutes les puissances ; elle écrit une lettre à M. de Vergennes, une lettre déchirante ; le ministre vole et la communique à la reine ; elle était mère ; des larmes coulent de ses yeux et de ceux du ministre ; ils vont frapper au cœur de Louis XVI : le monarque écrit à Washington ; Asgill est sauvé. Bientôt M. de Vergennes eut la douce satisfaction de recevoir de vive voix les remercîmens et les bénédictions d'une mère et d'un fils qui lui devaient tous deux une seconde vie.

Il est aisé de concevoir combien ce caractère de sensibilité pour les autres devait être actif et constant envers sa famille ; c'est dans ses lettres à son épouse qu'on trouve cet épanchement du cœur, si naturel, si doux, si salutaire à l'union conjugale.

« Loin de ce qu'on aime, écrivait-il de Suède, » l'incertitude est le plus grand des maux ; si je » ne vous ai pas fait connaître ce qu'elle me cau- » sait de peine, c'était pour vous éviter d'en par- » tager le sentiment.... Si la possession de mon » cœur peut faire le bonheur du vôtre, il est à » vous sans autre partage que celui que vous vou- » lez bien permettre en faveur de nos enfans.

» Rappelons-nous que l'amitié franchit les dis- » tances ; la mienne pour vous ne les craint pas ; je » vous aimerais de tout mon cœur du bout du monde.

» Les lettres de nos enfans, que vous m'avez
» envoyées, m'ont fait répandre des larmes; mais
» ce sont des larmes de joie et de satisfaction ; je
» saisis avec avidité le bien qu'on me dit à leur
» sujet. . . . Lorsque Constantin (c'était son fils
» aîné) aura trois à quatre ans de plus , et qu'il
» sera d'âge à rester habituellement avec moi , je
» me propose bien d'être son premier mentor».

De nouvelles dignités , des occupations plus
importantes n'apportèrent dans son cœur aucun
changement ; ses lettres conservèrent le même
ton de simplicité, les mêmes témoignages de ten-
dresse : «Je vois que la séparation vous désole,
» ma chère amie ; elle ne m'est pas moins cruelle;
» isolé , comme je le suis , je n'ai pas même la con-
» solation , lorsqu'épuisé par un travail assidu et
» opiniâtre, je dois prendre un moment de repos,
» d'avoir à mes côtés un seul être sur lequel mon
» cœur puisse se reposer. . . . Je me lèverai demain
» plutôt qu'à l'ordinaire pour avoir plutôt de vos
» nouvelles , dont j'ai le plus grand besoin; mon
» ame peut-elle être tranquille quand vous souf-
» frez !

    » J'embrasse mes enfans avec toute la tendresse
» d'un cœur qui leur est bien acquis ; eux et vous
» pouvez seuls adoucir mon esclavage : je vous
» rends mille grâces du bouquet dont tous en-
» semble vous avez voulu me parer; ce sont-là de

» ces dons de l'amitié qui aident au bonheur. Mais
» la saison des fleurs est passée pour moi».

Elle n'était point passée pour lui cette saison
des fleurs, quand il se retrouvait dans le sein de
sa famille ; il était le plus content des pères, le
plus heureux des époux. Son premier soin était de
s'occuper de leur bonheur; cette sollicitude s'é-
tendait au-delà même de son existence : « J'invite
» et j'exhorte mes enfans, disait-il dans son testa-
» ment, à ne point se séparer de leur mère, à
» vivre, autant que faire se pourra, ensemble et
» en commun avec elle; cette union fera la con-
» solation de leur mère ; elle confirmera en eux
» le germe des principes et des sentimens ver-
» tueux que nous nous sommes attachés à leur
» inspirer depuis leur plus tendre enfance; l'union
» des familles en est le plus solide appui; il n'en
» est point de plus durable, si elle repose sur la
» religion, l'honneur et la vertu».

Quelle sagesse dans la disposition suivante de
cet acte religieux! «J'ordonne à mes enfans, au-
» tant que mon pouvoir paternel peut me survivre,
» de s'abstenir de toutes discussions litigieuses en-
» tr'eux, et, dans le cas où il en surviendrait, de
» s'abstenir des voies judiciaires, et de déférer les
» différends qui pourraient survenir à l'arbitrage
» de leur mère, ou à son défaut, de parens et
» d'amis communs».

Que ne puis-je continuer le portrait de ce grand ministre, achever de peindre sa bonté, sa modestie et sa candeur; mais il serait difficile de remplir mieux cette tâche et en moins de mots que M. Mayer : « M. de Vergennes, dit-il, modeste » dans ses désirs, modeste dans ses habits, n'a été » connu ni pour son luxe, ni pour ses goûts; on » n'a jamais parlé que de ses talens et de ses vertus: » sa fortune est le prix de quarante ans de travail et » d'économie ». Il mourut dans les bras de son épouse et de ses deux fils le 13 février 1787.

Il ne m'est point donné de pénétrer dans le secret de nos dernières transactions, encore moins de les publier sans l'aveu du gouvernement, si j'en avais connaissance; mais si, comme les Anglais l'anuoncent hautement, la Louisiane est rendue à la France, on pourra considérer cette nouvelle conquête du héros pacificateur comme un des plus beaux hommages à la mémoire de M. de Vergennes, et une des plus puissantes recommandations pour son ouvrage.

INTRODUCTION.

AU ROI.

Sᴵʀᴇ,

La Louisiane, ce pays immense dont
l'histoire fera le sujet du Mémoire que
j'ai l'honneur de présenter à Votre
Majesté, n'a jamais été considéré sous
le point de vue où il devait l'être ; les
moyens inouis dont on s'est servi, pour
son établissement, le ridicule jeté sur
ceux qui s'expatriaient, le systême de
M. Law, dont cette colonie était le prétexte, tout a contribué à cacher les
avantages immenses que l'on pouvait
tirer de cette possession, et la France
a cédé aux Espagnols cette vaste contrée, sans que cet abandon ait, pour
ainsi dire, fait la moindre sensation.

Tous ceux qui ont écrit sur la Louisiane ont exagéré les inconvéniens de cet établissement, et n'ont jamais parlé des avantages que l'on pouvait en retirer. L'insuffisance de ceux qui ont été choisis pour administrateurs de ce vaste pays, le désir de faire promptement fortune, ont sans doute été les causes de l'inutilité des tentatives qui ont été faites dans cette partie du monde.

J'ai cherché à démêler l'obscurité qui règne sur l'histoire de ce pays, j'ai rassemblé des mémoires sans nombre de gens qui ont été long-temps à la Louisiane, et c'est en les rédigeant sans partialité, que j'ai composé celui que j'ai l'honneur de mettre sous les yeux de Votre Majesté.

Le soulèvement entier de l'Amérique septentrionale et la position de la Louisiane, relative à celle des provinces américaines, est une époque où il est nécessaire de montrer dans le plus grand jour les immenses avantages que nous pourrions retirer de la possession de ce pays. Sans doute il faudrait entièrement changer les systêmes que l'on avait adoptés, lors de son premier établissement; quoiqu'on ait choisi de mauvais moyens pour se concilier les sauvages du pays, on était cependant parvenu à les engager dans notre alliance.

J'ai à combattre dans ce mémoire les dépenses énormes que la France a faites depuis un siècle, la ruine et les démarches infructueuses de riches compagnies; mais Votre Majesté fut mal servie, le royaume trompé par un vain systême, et les ccmpagnies ruinées par leurs agens.

Il faut faire un bon plan, ne point outrer les moyens, et charger de l'exécution un citoyen dont les talens et les vertus seront reconnus. Le chef qui en serait chargé doit se dévouer au prince dont il est le ministre, à un peuple expatrié dont il est l'appui, aux indigènes dont il est le protecteur, et aux européens qui lui confinent, dont il est le concurrent.

De l'inexécution dans ces devoirs sacrés, naîtraient le désordre dans les finances, le découragement chez le citoyen, l'aversion chez les anciens propriétaires, l'envie et l'occasion de nuire chez les voisins.

Je vais tâcher de déchirer le voile étendu sur cette partie de l'histoire. Je désirerais pouvoir orner des grâces du style les descriptions que je vais faire; mais en peignant des sauvages les couleurs primitives de la nature sont les seules que je peux employer.

MEMOIRE

HISTORIQUE ET POLITIQUE

SUR

LA LOUISIANE.

CHAPITRE PREMIER.

*Importance de ne jamais perdre de vue la resti-
tution du Canada pour la France. Nécessité
pour l'Espagne d'assurer sa conservation avec
ses limites et dépendances, et celles de la
Louisiane.*

ON compte en Canada cent cinquante mille
ames, de tout âge et de tout sexe, dont environ
vingt-cinq mille habitans cultivateurs; mais il n'y a
tout au plus que vingt-cinq mille ames en état de
prendre les armes pour sa défense, et environ
quinze mille sauvages.

Les Canadiens sont tous catholiques, bons
français, pleins de valeur et de zèle pour leur ancienne patrie.

Ce pays produisait annuellement au commerce
de France environ 16 millions, soit par la pêche
de la morue, soit en pelleteries. Il consommait à-

peu-près 8 millions en denrées et marchandises des fabriques de France.

Ces objets qui, par une bonne administration, seraient encore devenus plus intéressans, doivent naturellement faire désirer aux Français d'en redevenir les maîtres.

Il est vrai que le roi n'en retirait qu'environ 150 mille livres par an, et qu'il en dépensait 450 mille pour les frais du service.

A ne considérer que d'après ce point de vue, il est évident que l'on ne doit pas regretter la perte de ce pays; mais, outre qu'il y a des moyens pour éviter que son entretien ne soit à charge à S. M., et pour en rendre la possession plus utile et plus avantageuse à ses sujets, il cache encore des motifs puissans qui doivent en faire regretter la perte.

Le Canada tient à la Louisiane par ses lacs et par nombre de rivières qui vont se dégorger dans le Mississipi, et qui en facilitent la communication.

La Louisiane eût été d'un grand secours à l'état, si l'on avait su tirer parti des richesses qu'elle renferme, et des avantages dont elle est susceptible.

Elle est enclavée au sud entre les possessions des Espagnols; elle tient, à l'ouest, aux terres du Mexique, et, à l'est, à la Floride.

Les Anglais, connaissant la situation politique de la Louisiane, firent, en 1756, de vains efforts pour s'en emparer ; la possession du Canada leur en assure tôt ou tard la conquête, et la Floride doit tomber d'elle-même lorsqu'elle se trouvera isolée entre cette colonie et la Nouvelle-Georgie.

Dans le moment actuel, en supposant que les Américains seront vainqueurs, et se sépareront de leurs métropoles, ce grand corps devient pour lors un état libre ; et, après avoir combattu pour défendre ses foyers, sera-t-il assez sage pour ne pas vouloir s'étendre ? La Louisiane, la Floride, le Mexique les rendraient maîtres de tous les débouquemens de la mer. Ces positions politiques, inutiles à des colonies naissantes, deviennent nécessaires et indispensables à un état indépendant.

Les Anglais formèrent ce vaste projet au malheureux instant où la France leur céda l'Acadie ; c'est dans ce point qu'ils ont cherché querelle aux Français sur leurs limites en Canada, et qu'ils ont commencé par leur prendre Louisbourg, que l'on peut regarder comme la clef de cette province.

Quelques soient les suites des événemens qui tiennent toute l'Europe sous les armes, la France et l'Espagne doivent s'unir pour en empêcher l'exécution.

La Nouvelle-Angleterre pouvant réunir deux cent mille combattans, sans préjudicier à sa culture et à ses fabriques, elle deviendra, si elle a du succès, l'empire le plus vaste et le plus redoutable.

Sans doute la guerre actuelle est favorable à la France, parce qu'elle fait une diversion avantageuse, et qu'elle épuise les forces de l'Angleterre; mais il faut aussi jeter un coup-d'œil sur les suites de cet événement, et si dans ce moment nos colonies tirent un avantage de la division qui règne entre les Anglais, les Provinces-Unies de l'Amérique, après avoir secoué le joug de la métropole, seront en état de faire la loi à la France et à l'Espagne dans toute l'Amérique, et elles envahiront leurs possessions au moment où ces deux couronnes y penseront le moins.

La restitution de Louisbourg, du Canada et de la Louisiane, sont les seuls moyens pour empêcher les invasions que j'appréhende.

L'Ile Royale, ou Louisbourg, est non-seulement la clef du golfe Saint-Laurent et la porte du Canada, mais elle est en même temps une forteresse et un asile qui protège, au nord de l'Amérique, la navigation des Français, comme le cap de la Floride protège et défend, au sud, celle des Espagnols.

Cette île, qui se trouve située entre l'Acadie et Terre-Neuve, qui appartiennent aux Anglais, ne saurait se soutenir sans la partie orientale et méridionale du Canada; et cette partie, qui en est l'unique point d'appui, et qui couvre tout le cours du fleuve Saint-Laurent, est le boulevard de la Nouvelle-France.

La partie occidentale, qui est à portée de la Nouvelle-Angleterre et de la Nouvelle-Yorck, est nécessaire à la France pour veiller sur les mouvemens des Anglais contre ses intérêts; elle est aussi à portée de secourir et défendre la Louisiane dans un temps de guerre; elle en est comme la citadelle, qui en défend l'entrée et les approches par le haut du Mississipi.

La Louisiane couvre le Mexique, et est à portée de secourir la Floride.

Il pouvait y avoir dans les dépendances de la Louisiane environ cinq mille Européens avec six mille nègres, de tout âge et de tout sexe, et environ vingt-cinq mille guerriers sauvages.

Ces sauvages, bien gouvernés et sagement conduits, joints aux Canadiens, peuvent former une armée considérable; et ces forces, bien disciplinés et pourvues, seraient en état de contrebalancer l'ambition des Américains, et de protéger les possessions françaises et espagnoles.

Voilà une partie des observations qui doivent réunir les Français et les Espagnols pour obtenir la restitution du Canada, et qui doivent engager ces derniers à nous rendre la Louisiane, que nous leur avons cédée sans réflexion, et qu'ils ont acceptée de même.

L'immensité des possessions sous la domination du roi d'Espagne lui ôte la possibilité de veiller à

leurs conservations; et le conseil de Madrid crut
être dédommagé des pertes qu'il avait éprouvées à
la Havane par la concession de la Louisiane, sans
calculer qu'il lui serait impossible d'y former les
établissemens nécessaires pour le conserver ; et
qu'au contraire, les Français se trouvant, pour
ainsi dire, enclavés entre le Mexique et la Floride,
les Américains ne pouvaient faire aucune tentative sans que les querelles ne devinssent celles des
deux couronnes, et nous devenions pour lors les
alliés nécessaires du roi d'Espagne pour la défense
de ces colonies.

CHAPITRE II.

Des limites du Canada et de la Louisiane.

ARTICLE PREMIER.

Limites et dépendances de la partie orientale et méridionale du Canada.

La partie orientale et méridionale du Canada, s'étend, de l'est au nord, depuis le cap Canceau jusqu'à Gaspé, et de l'est à l'ouest, depuis le golfe jusqu'à la rivière Sorel ou Richelieu, le lac Champlain et celui du Saint-Sacrement.

On compte environ cent soixante lieues du golfe à la rivière de Richelieu, et environ cent vingt des côtes de l'Acadie à la côte méridionale du fleuve Saint-Laurent.

Elle comprend, au midi, tout le pays qui se trouve entre le fleuve Saint-Laurent, les côtes de l'Acadie, celle de Pentagoët, et jusqu'à la rivière de Kinibequi et de la Nouvelle-Angleterre.

Les Abenakis, les Achemins ou Malacites, et les Mikmaks, habitent dans cette étendue de pays.

L'île Royale, celle de Saint-Jean, la baie Française, le pays de Cobeguit ou des Mines, adjacent à la côte occidentale de l'Acadie et de Port-Royal, jusqu'à la baie de Chedabouctou, inclusivement, dépendent de cette partie.

ARTICLE II.

Limites et dépendances de la partie occidentale du Canada.

La partie occidentale et méridionale du Canada, commence à l'embouchure de la rivière Sorel (*), dans le fleuve Saint-Laurent; c'est-à-dire à quinze lieues au-dessus de Montréal.

Elle est séparée, du nord au sud, de sa partie orientale par cette même rivière, par le lac Champlain et celui du Saint-Sacrement, et des possessions des Anglais, par les montagnes des Apalaches.

Ces montagnes, qui forment une chaîne d'environ sept cents lieues d'étendue, depuis le lac du Saint-Sacrement jusqu'à la Floride espagnole, où elles prennent racine, séparent aussi distinctement la Nouvelle-France de la Nouvelle-Angleterre, que les monts Pyrénées séparent, en Europe, la France d'avec l'Espagne.

Elle s'étend au nord-ouest jusqu'à la baie des Noquets, et elle est bornée au sud par l'Ohio et la rivière aux Charbons, qui prend sa source au sud-ouest de la Virginie.

On compte environ quatre cents lieues de la

(*) La rivière Sorel ou Richelieu, s'appelait autrefois la rivière des Iroquois, parce que c'était la route la plus ordinaire de ces sauvages pour se rendre dans le fleuve.

rivière Sorel à la baie des Noquets, et trois cent soixante jusqu'aux sources de la rivière aux Charbons, que les Anglais appellent *Casaona.*

Elle comprend, dans ses dépendances, le lac Supérieur, la baie des Puans, le lac Michigan, celui des Hurons, le lac Crié, le lac Ontari, les cantons des Iroquois et tout ce pays que l'Ohio arrose jusqu'à sa chute, et qui se trouvent au sud de la rivière aux Charbons, entre la belle rivière et les montagnes des Apalaches.

ARTICLE III.

Limites et dépendances de la Louisiane.

La Louisiane s'étend du nord au sud depuis les sources du Mississipi jusqu'au golfe du Mexique.

Elle comprend au nord toutes les terres et rivières à l'ouest de la baie des Noquets et du lac Michigan, tout le pays des Illinois, tout le cours de Louaback et de l'Ohio, depuis son embouchure dans le Mississipi jusqu'à sa grande chute, à cinquante lieues au-dessous de la rivière à la Roche.

Elle comprend au sud-est, c'est-à-dire au-dessous de l'Ohio, depuis sa grande chute, ou la rivière aux Charbons, toutes les terres et rivières qui se trouvent entre les montagnes Apalaches, la Floride espagnole et le Mississipi, jusqu'à l'embouchure de ce fleuve dans le golfe du Mexique.

Cette courte description du pays dont je vais

parler était nécessaire, afin de démontrer les communications qui existent entre ces deux pays, et les relations que l'on peut établir, malgré la prodigieuse distance, par des cours de rivières non interrompues dans une étendue de près de huit cents lieues. Je vais maintenant prouver les droits incontestables de la France sur ces pays. Je préviens que ce mémoire n'a que le seul projet d'instruire ; les détails que je vais donner paraîtront peut-être arides, mais comme je désire ramener à mon opinion, je ne dois négliger aucunes preuves de mes assertions.

CHAPITRE III.

Droits de la France sur la partie orientale et méridionale du Canada. Discussions avec les Anglais.

En 1504 les Français découvrirent les côtes du Canada, et en 1506 Jean-Denis d'Honfleur releva le gissement du golfe et desdites côtes, et en donna une carte.

En 1523, Jean-Verazani Florentin, muni de cette carte, fut envoyé pour reconnaître le pays, et en prit possession au nom de François premier.

En 1534, Jacques Cartier de Saint-Malo fut expédié par Philippe de Chabot, amiral de France, pour continuer les découvertes de Verazani, et en 1525 il fut de nouveau expédié par M. de la Meilleraye, vice amiral.

Ce navigateur reconnut, dans ces deux voyages, les îles Baccalaos, au cap Breton, à l'entrée du golfe, auquel il donna le nom de Saint-Laurent; toute la côte orientale et méridionale du Canada, qu'il nomma la Norimbegue; tout le cours du fleuve, depuis son embouchure jusqu'à la bourgade d'Hochelaga, qu'il appela Montroyal, et enfin le Saguenay, sur la côte septentrionale et reprit possession de tout ce pays au nom de François premier.

En 1540, François de Laroque de Roberval fut nommé seigneur de Norimbegue et vice-roi du Canada, Hochelaga, Saguenay et Baccalaos.

En 1541, ce vice-roi fut prendre possession de son gouvernement, y transporta des troupes et des habitans, bâtit un fort sur le fleuve et y laissa garnison sous les ordres de Jacques Cartier.

En 1598 et après la mort de M. de Roberval, Henri IV accorda ce gouvernement au marquis de La Roche, qui, la même année, fit un établissement à l'île de Sable, à trente lieues au sud de Baccalaos, que l'on appelle aujourd'hui l'Ile Royale, et il reconnut les côtes de l'Acadie.

En 1600, M. Chauvin remplaça le marquis de La Roche et fit un établissement avec le sieur de Pontgravé à Tadoussac, sur le Saguenai.

En 1603, le commandeur de Châtte, gouverneur de Dieppe, obtint la commission de M. Chauvin.

En 1604, M. de Mont succéda au commandeur de Châtte dans le gouvernement du Canada, et y transporta des troupes et des habitans.

La même année ce gouverneur et Samuel de Champlain, parcoururent et visitèrent tout le continent de la Norimbegue, et après avoir reconnu la côte méridionale de la Péninsule, qu'ils appelèrent *Acadie*, du nom des sauvages qui l'habitaient ; ils firent un établissement à l'île de Sainte-Croix , vers l'entrée de la baie française et à seize lieues de la rivière Saint-Jean.

L'année suivante , 1605 , M. de Mont bâtit Port-Royal , sur la côte occidentale de l'Acadie , et M. de Poutrincourt , son lieutenant et son associé , à qui il céda ce poste , le fit fortifier en 1606.

En 1608, M. de Champlain fonda la ville de Québec , sur la rive septentrionale du fleuve de Saint-Laurent , à cent douze lieues au-dessus de son embouchure dans le golfe.

En 1613 (*), les Français , aux ordres de M. de la Saussaye , firent un établissement sur la rivière de Pentagoët , à quinze lieues de celle de Kinibequi , et y bâtirent le fort de Saint-Sauveur.

En 1621 , les Anglais voyant l'inaction des Français pour se rétablir sur les côtes de l'Acadie et de la Norimbegue , et ayant eu le temps d'en connaître les avantages pour la pêche de la morue , inspirèrent au chevalier Guillaume-Alexandre , comte de Sterlin , d'en demander la concession à Jacques premier , et ce prince lui accorda , la même

------

(*) La même année , quoique la Grande-Bretagne fut en paix avec la France , des armateurs de la Virginie , aux ordres de Samuel Argall , détruisirent cet établissement, ainsi que ceux de Sainte-Croix et de Port-Royal , et en chassèrent les Français sans s'y établir.

année, non-seulement le pays pris par Argall, mais encore toutes les îles et le continent de la Norimbegue, c'est-à-dire toute la partie orientale et méridionale du Canada, dans l'idée et sous le prétexte que tout ce pays n'était habité que par des sauvages ; mais le chevalier Guillaume, connaissant l'injustice de cette concession au préjudice des Français, et craignant d'être la dupe des dépenses qu'il ferait pour y former un établissement, se contenta d'y envoyer un officier pour en prendre possession à son nom, lequel divisa toute cette étendue de pays en deux provinces ; il donna à la Péninsule, connue sous le nom d'Acadie, le nom de Nouvelle-Ecosse, et il appela la Norimbegue et tout le reste du continent, Nouvelle-Alexandrie.

En 1623, tout ce pays fut restitué à la France par Charles premier.

En 1624, M. de Champlain fortifia Québec.

En 1629, les Anglais, aux ordres de David Kerlk, surprirent les Français pendant les guerres de la Rochelle et s'emparèrent du Canada.

En 1632, ils le restituèrent à la France, par le traité de Saint-Germain-en-Laye, et M. de Champlain y fut renvoyé en qualité de gouverneur général.

La même année, toute la partie orientale et méridionale du Canada fut partagée, sous le règne de Louis XIII, en trois provinces, dont les gouvernemens et la propriété furent accordés, savoir : Port-Royal et tout ce qui est au sud-ouest jusqu'à la Nouvelle-Angleterre, au commandeur de Razilly ; l'Acadie, depuis Port-Royal jusqu'à Canceau, à M. de la Tour ; et la côte orientale, compris les îles de Saint-Jean et du cap Breton, depuis Canceau jusqu'à Gaspé, à M. Denis.

En 1633, M. de Razilly fit un établissement à la Heüe, rétablit Port-Royal et le fort de Pentagoët.

M. de la Tour en bâtit un autre à l'embouchure de la rivière Saint-Jean, auquel il donna son nom.

M. Denis en bâtit un l'année suivante à l'île Royale, qu'il appela le fort Saint-Pierre.

En 1654, les Anglais s'emparèrent, pour la troisième fois, de l'Acadie ou Nouvelle-Ecosse, et de la province de Pentagoët.

En 1662, le gouvernement de ces deux provinces fut donné, par Charles II, au chevalier Temple.

En 1667, l'Angleterre rendit à la France, par le traité de Breda, toutes ses conquêtes dans la partie orientale et méridionale du Canada ; et le chevalier Temple, muni des ordres et des pouvoirs de sa majesté Britannique, en fit la restitution au chevalier de Grand-Fontaine, plénipotentiaire du roi de France.

Il fut reconnu, en 1670, par un acte solennel,

passé à Boston le 7 juillet de la même année, que tout le pays qui s'étend depuis le Pentagoët jusqu'à Boston, appartiendrait irrévocablement à la France.

La même année 1670, le chevalier de Grand-Fontaine en prit possession et bâtit un fort sur la rivière Saint-Jean, sous le nom de *Jemset*.

En 1671, nombre d'habitans Anglais vinrent s'établir sur le bord de la mer, entre le Kinibequi et le Pentagoët ; mais la France ayant prouvé que le Kinibequi fesait les bornes de ses possessions, la Grande-Bretagne les rappela et les fit rentrer dans les terres de sa domination.

En 1673, M. de Chambli fut nommé gouverneur de l'Acadie et de Pentagoët, à la place du chevalier de Grand-Fontaine.

En 1674, les Anglais ayant armé, à Boston, un corsaire avec un équipage flamand, firent une quatrième invasion sur la côte méridionale de la Nouvelle-France, et s'emparèrent, par surprise, du fort de Pentagoët et de Jemset ; mais l'auteur de cette hostilité ayant été désavoué par la Grande-Bretagne, cette entreprise n'eut pas d'autres suites ; et, en 1676, M. de Chambli y fut renvoyé en qualité de gouverneur de l'Acadie et des autres provinces de la côte méridionale de la Nouvelle-France ; Port-Royal devint en même-temps la capitale de son gouvernement.

En 1680, les Anglais, profitant de la négligence des Français pour s'établir et se fortifier dans leurs possessions, bâtirent le fort Pennkuit entre le Kinibequi et le Pentagoët.

En 1690, l'amiral Phibz s'empara de l'Acadie, ou Port-Royal, et du fort de Chedabouctou, et força les habitans, qui s'y trouvèrent, à prêter serment de fidélité au roi Guillaume; mais l'année suivante, le chevalier de Villebon y arriva en qualité de commandant et les releva de leurs sermens, qui ne fut jamais que conditionnel de leur part, et reprit possession du Port-Royal et de toute l'Acadie.

En 1696, MM. Dhiberville et de Saint-Castein prirent et détruisirent le fort de Pennkuit, qui tenait en échec les possessions de la France.

La même année, les Anglais firent un débarquement à Beaubassin, dans la baie française; et, après avoir forcé les habitans à renouveler par écrit leurs sermens de fidélité au roi Guillaume, ils pillèrent et détruisirent par le feu tous leurs établissemens.

En 1697, l'Acadie et les autres provinces de la partie méridionale du Canada furent rendues à la France par le traité de Risvik, et les commissaires nommés pour le réglement des limites dans cette partie, les ayant fixées à la rivière Saint-George, entre le Kinibequi et Pentagoët, leur réglement fut confirmé et ratifié, en 1700, par M. de Villier, de la part de sa majesté Très-Chrétienne, et par M. de Sourdic, de la part de sa majesté Britannique.

En 1707, les Anglais recommencèrent leurs entreprises contre l'Acadie, et, en 1710, le général Nicolson s'empara de cette province et de Port-Royal, où il laissa pour commandant le sieur Vesche, avec ordre de soumettre à l'Angleterre le pays et les habitans qui se trouvaient aux environs de cette place; mais les vexations que ce commandant exerçait à leurs égards, les obligèrent, en 1711, à se révolter, et les sauvages détruisirent les troupes que ce commandant fit marcher pour les réduire.

En 1713, la France céda à perpétuité à l'Angleterre, par le traité d'Utrecht, l'Acadie en son entier, conformément à ses anciennes limites, ainsi que la ville de Port-Royal, aujourd'hui nommée *Annapolis-Réal*, et généralement tout ce qui dépend des terres et îles de ce pays-là.

Les Anglais ne furent pas plutôt en possession de l'Acadie, qu'ils formèrent le projet de s'emparer peu-à-peu de tout le continent qui sépare cette province de la Nouvelle-Angleterre, pour s'approcher insensiblement du fleuve Saint-Laurent et s'en rendre aujourd'hui les maîtres.

Ils commencèrent, à cet effet, par gagner les Abenaquis, et, à la faveur des propositions avan-

tageuses qu'ils leur firent, ils obtinrent la permission d'aller établir des hangards de traite sur
le Kinibequi ; mais les peuples s'étant bientôt
aperçus que les Anglais ne s'étaient servi de ce
prétexte que pour construire des forts sur leurs
terres, et les soupçonnant d'en vouloir à leurs
libertés, ils détruisirent leurs établissemens et les
chassèrent de chez eux.

En 1721, les Anglais tentèrent en vain d'y
rentrer, et regardant le baron de Saint-Castein,
commandant de Pentagoët, et un missionnaire
français, comme deux obstacles à leurs entreprises, ils enlevèrent le premier contre le droit des
gens, et massacrèrent inhumainement le second.

Les sauvages, qui les chérissaient et qui les
avaient toujours regardés comme leurs pères (pour
me servir de leurs expressions), se disposaient à
les venger et menaçaient les Anglais de toute leur
fureur ; mais M. de Vaudreuil profitant de l'ascendant qu'il avait sur ces barbares, s'en servit pour
les appaiser.

La France, toujours attentive à donner l'exemple
de la modération, dissimula de pareils forfaits,
dans l'espérance que les commissaires qui avaient
déjà entamé leurs opérations pour le réglement des
limites, rétabliraient enfin l'ordre et la tranquillité
dans ce pays.

C'est aussi dans cette même confiance que depuis

le traité d'Aix-la-Chapelle , sa majesté Très-Chrétienne a fermé les yeux non-seulement sur les efforts
et les manœuvres que les Anglais n'ont cessé de
faire pour soulever toutes les nations de l'Amérique septentrionale contre ses sujets, mais encore
sur leurs invasions sur l'Ohio en 1753.

Les Anglais ont mis enfin le comble à leur
mauvaise foi par les attentats qu'ils ont commis
en 1754, et qui a occasionné la guerre dans laquelle
une suite d'inconduite a donné des désavantages à
la France , et qui n'a été terminée que par la
cession de tout ce vaste continent aux Anglais
en 1763.

CHAPITRE IV.

Droits de la France sur la partie occidentale et méridionale du Canada. Discussions avec les Anglais.

En 1535, Jacques Cartier, les sieurs de Pontbrian, de la Pommeraye et de Gogelle, découvrirent les terres de la partie occidentale du Canada, à l'ouest des montagnes Apalaches, dont la bourgade d'Ochelaga (aujourd'hui Montréal) est la capitale, et en prirent possession au nom de François premier.

En 1603, MM. de Champlain et de Pontgrave firent un établissement au Saut Saint-Louis, à trois lieues au-dessus de Montréal.

En 1609, les Algonquins, qui étaient les peuples les plus anciens et les plus distingués de cette partie, vinrent demander l'amitié des Français et se soumettre à leur domination.

Toutes les nations qui habitent sur le bord des lacs suivirent successivement leurs exemples.

Il n'en fut pas de même des Iroquois, séparés depuis long temps des Algonquins et devenus redoutables par le nombre des nations qu'ils avaient vaincues et incorporées dans leurs cantons. La France ne put les subjuguer que par la force des armes, et elle fut obligée de conquérir leur pays par de longues guerres et aux dépens du sang de ses sujets.

En 1642, M. de Montmagny, gouverneur du Canada, bâtit et fortifia Montréal, et fit construire la même année le fort de Sorel, à l'embouchure de la rivière de Richelieu.

En 1656, M. de Lauzon, alors gouverneur du Canada, subjugua enfin les Iroquois, et, les ayant soumis, il établit chez ces peuples un poste avec garnison, sous les ordres du sieur Dupuis.

Deux ans après, c'est-à-dire en 1658, les nations auxquelles les Hollandais et les Anglais, leurs voisins, avaient fourni des armes à feu, se révoltèrent à leur instigation contre les Français et leur déclarèrent la guerre.

En 1662, les trois cantons supérieurs, c'est-à-dire Tsonnouthouans, les Onnontagués et les Goyogaoins, se soumirent de nouveau à la France et demandèrent la paix.

En 1665, M. le marquis de Tracy la leur accorda ; mais ce vice-roi marcha en même-temps contre les Agniers et les Ouneyouths, les plus voisins de la Nouvelle-Yorck, et les ayant chassés de chez eux et détruit leurs établissemens, il reprit possession de leur pays.

La même année, M. de Tracy fit bâtir le fort de Chambli sur la rivière de Richelieu,

En 1668, ces révoltés se soumirent comme les trois autres cantons, et tous les cinq ayant demandé des missionnaires, M. de Courcelles, successeur de M. de Tracy, leur en envoya la même année.

En 1670, la paix faite avec les Iroquois, M. de Courcelles, gouverneur, et M. Talon, intendant, la firent publier chez toutes les nations alliées.

En 1671, tous les peuples du nord, de l'ouest et du sud, adoptèrent le roi de France pour leur père et leur souverain, et se déclarèrent ses fidèles sujets. M. de Saint-Luçon, subdélégué général à Montréal, fut visiter leurs côtes, reçut leurs hommages, et reprit possession solennelle de leur pays.

La même année, M. le comte de Frontenac fit bâtir le fort (aujourd'hui Cataroconi), à l'entrée du lac Ontario.

En 1673, les Français en bâtirent un autre à Michilimakinak, entre le lac Huron et le lac Supérieur.

En 1678, le chevalier de la Sale, gouverneur de Cataraconi, reconnut les sources de l'Ohio, tous les bords du lac Ontario et du lac Crié, et établit un poste à Niagara, entre ces deux lacs.

En 1683, les Français bâtirent un fort au détroit, sur le bord du lac Sainte-Claire, entre le lac Crié et celui des Hurons.

La même année, les Iroquois, toujours excités

par les Anglais, rompirent la paix avec les nations leurs alliées.

En 1684, le commodor Dougan, devenu gouverneur de la Nouvelle-Yorck, enrôla, par séduction, les cantons des Agniers et des Ounciourhs, ses plus proches voisins; et, après leur avoir fait arborer les armes du duc d'Yorck, il les détermina, par ses largesses, à se révolter contre les Français.

En 1687, ce même gouverneur leur fournit des armes et des munitions, au mépris des défenses de sa majesté Britannique, et les fit marcher avec les Mahingans, nation de sa dépendance, contre Montréal.

La même année, le marquis de Denouville marcha contre eux, et, après les avoir subjugués et soumis de nouveau leur pays à la France, ce gouverneur fit fortifier le fort de Niagara.

En 1688, le chevalier d'Andros, successeur de Dougan, au lieu de maintenir ces nations dans la paix dont elles jouissaient, il les engagea, par ses largesses, à reprendre les armes contre les Français.

En 1689, le comte de Frontenac battit les Anglais devant Québec, et prit le fort de Corlar dans la Nouvelle-Yorck. Les Iroquois lui envoyèrent aussitôt des députés pour réclamer la paix, et des ôtages pour garantir leur soumission à la France; mais les Anglais rompirent leurs négociations, et les entretinrent, par leurs intrigues, dans leur révolte jusqu'en 1698.

La même année, le chevalier de Belomont, nouveau gouverneur de la Nouvelle-Yorck, se rendit sur les frontières des Iroquois, pour renouveler alliance avec eux. Il leur fit, à cette occasion, des présens considérables; mais ayant voulu les obliger à reconnaître le roi de la Grande-Bretagne pour leur souverain, ces peuples indignés brûlèrent, en sa présence et en plein conseil, tous les papiers que les gouverneurs ses prédécesseurs leur avaient donnés en signe d'alliance et d'amitié, et ils lui déclarèrent, avec fierté, que les Anglais ne seraient jamais que leurs frères, et qu'ils ne reconnaîtraient jamais d'autre souverain que le roi de France.

En 1700, le chevalier de Belomont, instruit de la mort du comte de Frontenac, fit de nouvelles tentatives pour asservir les Iroquois à la Grande-Bretagne; il convoqua, à cet effet, les chefs et confédérés des cinq cantons à Orange, mais tous se refusèrent à son invitation, et lui firent répondre, par ses envoyés, qu'ils seraient toujours amis des Anglais, mais qu'ils n'iraient les voir qu'à leur retour de Montréal, où ils allaient faire la paix avec leur souverain et recevoir ses ordres.

La même année ils envoyèrent des députés au chevalier de Callière, successeur du comte de Frontenac, pour le prier d'oublier leur conduite passée, et lui déclarer qu'ils ne s'écarteraient plus de l'obéissance qu'ils devaient au roi de France, et qu'ils lui seraient toujours fidèlement soumis.

M. de Callière, satisfait de leurs démarches, leur accorda la paix; mais voulant la cimenter avec éclat, avec toutes les nations du nord, de l'ouest et du sud, il convoqua, pour l'année suivante, une assemblée générale à Montréal.

Ce fut en 1701 que les députés des Iroquois et de toutes les nations se rendirent à Montréal au nombre de treize cents, et qu'après avoir renouvelé leurs soumissions au roi de France, et remis leur pays sous sa protection, la paix générale fut conclue et ratifiée solennellement dans cette capitale, et publiée chez toutes les nations.

En 1702, les Mahingans ou Loups, originaires de la Nouvelle-Yorck, et situés au nord de la rivière d'Orange, mécontens des Anglais, abandonnèrent leurs terres héréditaires, firent alliance avec les Agniers leurs voisins, et vinrent s'établir chez eux du côté des Français, et chez les Andastes et Chats, aujourd'hui Chouanoas, sur la rivière de l'Ohio.

En 1704, Pitre Schuillier, hollandais, devenu gouverneur de la Nouvelle-Yorck, mit tout en usage pour engager les Iroquois à vendre leur pays à l'Angleterre; mais ses efforts n'aboutirent qu'à faire avec eux un traité de neutralité et de commerce, et qu'à déterminer quelques bourgades du Mahingans et d'Agniers à s'approcher de son gouvernement, et à étendre leurs établissemens sur les terres qu'ils avaient abandonnées.

En 1709, quatre des cantons des Iroquois, séduits par le désir d'avoir de l'eau-de-vie, ayant accordé aux Anglais la permission de bâtir des forts sur leurs frontières, Pitre Schuillier en fit construire plusieurs de distance en distance depuis Orange jusqu'à la pointe du sud du lac Champlain.

La même année, ces quatre cantons se joignirent à deux mille Anglais, et marchèrent contre Montréal; mais ils ne furent pas plutôt en marche, que la plupart de leurs guerriers tombèrent malades : ces sauvages attribuant leurs maladies à la boisson de leurs alliés, par qui ils se crurent empoisonnés, les mémoires de ces temps disent qu'ils empoisonnèrent à leur tour, avec les peaux de bêtes qu'ils écorchaient, les eaux d'une rivière, sur les bords de laquelle les Anglais étaient campés.

Malgré le peu de probabilité de ce conte, il est certain que les Anglais perdirent beaucoup de monde de l'épidémie qui régnait dans leur armée; et le sieur Vesche, qui les commandait, fut obligé de faire une retraite précipitée et de brûler, en se retirant, les bateaux et les forts que Schuillier avait fait construire pour cette expédition.

Les Iroquois crurent que c'était l'effet de leur

perfidie qui avait fait périr une partie du détachement anglais, et ils s'empressèrent d'appaiser
les Français. M. de Vaudreuil, alors gouverneur
du Canada, leur accorda grâce; pour lors, les cinq
cantons se réunirent, bien résolus d'être en garde
contre la séduction des Anglais; et ces peuples,
depuis cet instant, n'ont jamais cessé d'être fidèlement soumis et attachés à la France.

En 1712, les cinq cantons ayant appris, par le
gouverneur de la Nouvelle-Yorck, que le roi de
France venait de céder leur pays à l'Angleterre,
envoyèrent sans délai des députés à Orange, pour
protester contre cette cession faite sans leur consentement, et déclarèrent hautement aux Anglais,
avec menace de les détruire, qu'ils n'avaient aucuns droits sur leurs terres; et qu'étant devenus
les enfans du roi de France long-temps avant les
avoir connus, et qu'ils devinssent leurs voisins,
ils n'accepteraient jamais le roi de la Grande-
Bretagne pour leur maître et pour leur souverain.

Les Anglais, aussi déconcertés par la force des
protestations de ces députés qu'effrayés de leurs
menaces, ne songèrent alors qu'à les appaiser, et
les renvoyèrent chargés de présens.

En 1713, les Anglais, désespérant d'assujettir
ces nations, et sentant la nécessité de justifier,
pardevant des commissaires, les droits qu'ils avaient
fait valoir à Utrecht sur leur pays, assemblèrent les

cinq cantons à Orange pour les déterminer à leur en faire la vente ; mais n'ayant pu l'obtenir , et leur ayant offert un tribut annuel et les marchandises à moitié meilleur marché que les Français , ces peuples leur permirent, à ces conditions, de bâtir un hangard de traite sur la rivière d'Osvego , ou Chouagen , en renouvelant avec eux un traité de neutralité et de commerce.

En 1727, le chevalier Brunet , gouverneur de la Nouvelle-Yorck , ayant obtenu , à force de présens , du canton des Onontagues la permission d'agrandir le hangard d'Osvego , sur la rivière Chouagen , le gouverneur le métamorphosa en forteresse , et y bâtit à l'entour quelques cabanes pour les traiteurs. Les autres cantons, qui en prirent ombrage , voulurent aussitôt le détruire , et frapper sur les Anglais , mais M. de Beauharnais les arrêta ; et ce général s'étant contenté de faire des sommations et de protester contre cette invasion , le chevalier Brunet trouva le secret d'appaiser les cantons plaignans à force de largesses , et les Anglais s'y sont toujours maintenus.

La même année, les Français bâtirent le fort de la Couronne , à la pointe du sud-ouest du lac Champlain.

En 1744, les Anglais firent de nouvelles tentatives pour acquérir quelques droits sur le pays des Iroquois ; ils convoquèrent les cinq cantons à Lancastre, dans la Pensilvanie ; mais ni leurs présens, ni la pompe des fêtes qu'ils donnèrent, ne purent rien gagner sur l'esprit des sauvages, qui ratifièrent seulement leur traité de neutralité et de commerce.

En 1752, les Anglais voulant se rendre les maîtres du cours de l'Ohio, envoyèrent de nouveaux présens aux sauvages, sujets et alliés des Français, pour les soulever contre eux ; mais M. Duquesne, alors gouverneur du Canada, instruit que plusieurs de ces peuples, déjà séduits, se disposaient à la révolte, fit avancer, en 1753, des troupes sur les bords de cette rivière pour les contenir, et rompit, par ce moyen, les mesures prises par les Anglais pour s'y établir.

En 1754, les Anglais, ne pouvant plus compter snr le secours des sauvages pour exécuter leurs projets, franchirent les montagnes Apalaches, leurs limites, avec un corps d'armée, et vinrent bâtir à force ouverte, sur les domaines de la France, le fort de *Nécessité*, au sud-ouest de la Pensilvanie, sur la rivière Malengueulée ; et M. de Contrecœur, commandant les troupes françaises, les ayant fait sommer de se retirer, et n'ayant pas de forces suffisantes pour les y contraindre, cet officier se fortifia à l'embouchure de cette même rivière, dans l'Ohio, et y bâtit le fort Duquesne, et il arrêta, pour un moment, leur invasion.

Par ces détails, il est aisé d'apercevoir la chaîne de tous les événemens ; et je crois avoir débrouillé avec assez d'ordre le chaos qui règne sur toutes les histoires de ce pays, qui, n'ayant jamais intéressé la nation entière, a souvent été regardé d'un coup-d'œil très-indifférent.

CHAPITRE V.

Droits de la France sur la Louisiane. Discussions avec les Anglais.

En 1673, le père Marquet, jésuite, et le sieur Joliet, bourgeois de Québec, expédié par M. de Frontenac, découvrirent, à l'ouest du lac Michigan, le fleuve du Mississipi.

En 1679 et 1680, le père Hennepin, récollet, et le sieur Dacan, furent reconnaître ce fleuve, et le remontèrent trois cents lieues au nord, jusqu'au Sault Saint-Antoine, vers ses sources; et, la même année, le chevalier de la Sale en prit possession solennelle.

En 1682, M. de la Sale et M. le chevalier de Tonti découvrirent les terres de la Louisiane et le cours du Mississipi, depuis les Illinois, jusqu'à son embouchure dans le golfe du Mexique, et en prirent également possession au nom de Louis XIV.

La même année, ils firent alliance avec les nations des Illinois, où ils bâtirent les forts de Crevecœur et de Saint-Louis, où ils établirent garnison.

En 1683, le même chevalier de la Sale remonta à Montréal, après avoir reconnu l'embouchure de l'Ohio dans le Mississipi, et établit, par cette rivière, la communication du Canada et de la Louisiane, dont il venait de jeter les fondemens.

En 1699, M. Diberville, capitaine de vaisseau, transporta des troupes et des habitans à la Louisiane, par l'embouchure du Mississipi ; et, après avoir fait un établissement et bâti un fort dans la baie de Biloxi, vers la rivière de Pasgagoulas, cet officier reprit possession de tout le pays, au nom de sa majesté Très-Chrétienne, et il y laissa M. de Sauvolles pour commandant.

Au mois de septembre de la même année 1699, les Anglais, conduits par des déserteurs français, vinrent à la découverte des embouchures du Mississipi avec un bâtiment de douze canons ; mais le chevalier de Bieuville, lieutenant et commandant d'un poste que M. de Sauvolles avait établi sur ce fleuve, les força à se retirer.

En 1700, M. Diberville transporta de nouveaux habitans à la Louisiane, et établit un fort à l'île de Toulouze, vers l'embouchure du Mississipi ; auquel il donna le nom de *fleuve Saint-Louis*.

En 1701, les Français firent un établissement et bâtirent un autre fort sur la rivière de la Mobille.

En 1702, le même M. Diberville établit et fortifia l'île Dauphine au sud de la Mobille, à quarante lieues à l'est du fleuve Saint-Louis.

En 1708, la France envoya de nouveaux habitans à la Louisiane, avec M. Diron Dastagnette, commissaire ordonnateur.

La même année, les gouverneurs de la Virginie et de la Caroline, instruits, par des déserteurs français, de la situation de la Louisiane et des chemins pour y pénétrer par terre, formèrent le projet d'en chasser les Français et de s'y établir, en fesant révolter contre eux les peuples de ce continent.

Ils se servirent de ces mêmes déserteurs, sous la conduite desquels ils envoyèrent des Anglais de confiance avec des présens considérables pour les nations les plus notables de cette colonie; mais ils ne purent faire alliance qu'avec les Chicachas, les Natchés et les Jazons, et ils n'obtinrent des autres que la permission de venir traiter chez elles.

En 1712, Louis XIV détermina les limites et les dépendances de la Louisiane, conformément à celles que l'on a déjà désignées, et céda, par des lettres-patentes, cette colonie à M. Crozat, pour en hâter l'établissement.

En 1713, les Français firent différens établissemens aux Illinois, sur la rivière d'Ouabache, et y bâtirent plusieurs forts, ainsi que sur les bords du Mississipi, pour en assurer et protéger la navigation et la communication.

La même année, les Anglais multiplièrent leurs traiteurs dans les nations de la Louisiane; mais les

Tchactas ayant pris ombrage de leurs intrigues secrètes avec les Chicachas, peuples aussi turbulens que les Iroquois, ils les pillèrent, les chassèrent de chez eux, et se liguèrent avec les Alibamons, les Kaioutais et les Cheraquis, contre les entreprises des Anglais et les incursions des Iroquois.

En 1714, toutes ces nations, excepté les Chicachas, situées entre les montagnes Apalaches et le Mississipi, au sud des Illinois et de la rivière des anciens Chouanous, envoyèrent des députés aux Français pour demander leur amitié, firent alliance avec eux et mirent leur pays sous leur protection.

L'année suivante 1715, les Français furent les visiter, et, après avoir reconnu les terres à l'ouest de la Caroline, ils bâtirent le fort de Toulouze aux Alibamons, à cent cinquante lieues au nord de la Mobille, et ils y établirent garnison.

En 1717, Louis XV céda, par de nouvelles lettres-patentes, la Louisiane à la compagnie d'Occident, et, la même année, cette compagnie fit bâtir la Nouvelle-Orléans, à l'est du Mississipi, et à trente-cinq lieues au-dessus de son embouchure, et cette compagnie augmenta les établissemens et les fortifications de cette colonie.

En 1729, les gouverneurs de la Virginie et de la Caroline parvinrent à faire un traité d'amitié

et de commerce avec les Cherakis, et obtinrent
de ces peuples, au moyen d'un tribut annuel en
marchandises, en armes, en munitions, la permission d'établir des magasins de traite dans leurs
cantons et sur leurs rivières.

La même année, les Anglais, instruits que la
Louisiane manquait de tout, envoyèrent des présens considérables aux Chicachas et aux nations
leurs alliées, pour les attirer dans leur parti et
les exciter à la révolte; mais il n'y eut que les
Natchés et les Jazons qui, à l'instigation de leurs
traiteurs, surprirent et massacrèrent tous les Français établis chez eux.

En 1731, les Anglais se servirent des Chicachas
pour exciter les nègres de la Louisiane à secouer
le joug de la servitude, et à venir jouir chez eux
de l'abondance et de la liberté; mais M. de Per-
rier ayant découvert heureusement que les esclaves avaient formé le projet de mettre le feu aux
quatre coins de la Nouvelle-Orléans, pour favoriser leur fuite, ce gouverneur fit arrêter et exécuter les principaux des conjurés, et cet acte
de justice retint les autres dans le devoir, et détruisit l'espérance des Anglais.

En 1733, ils séduisirent les Kaouitas, en leur
offrant, de même qu'aux Cherakis, un tribut
annuel, et les marchandises à meilleur marché
que les Français. Ils firent avec eux, à ces con-

ditions, un traité d'amitié et de commerce, et en obtinrent également la permission d'établir, dans leurs cantons, un hangard de traite.

En 1735, les Anglais, assurés de l'amitié et de la neutralité des Cherakis et des Kaouitas qui, par leurs situations et leurs forces, pouvaient leur interdire toute communication avec l'intérieur de la Louisiane, envoyèrent toutes sortes de secours aux Chicachas, et ayant gagné, par leurs entremises, les Tchactas de la partie de l'est, ils les déterminèrent à faire avec eux une guerre ouverte aux Français.

En 1736, les Français furent obligés de fournir des armes aux Tchactas de la partie de l'ouest, pour se défendre contre leurs ennemis, et marchèrent avec eux contre les Chicachas et leurs alliés, armés par les Anglais, qui, au nombre de deux mille combattans, portaient le trouble dans toute la colonie. Après les avoir défaits, ils bâtirent un fort à Tombekbé, dans le centre du pays des Tchactas, et y mirent garnison, pour s'opposer aux entreprises des Anglais et aux nouvelles incursions de ces sauvages.

En 1754, les gouverneurs de la Virginie et de la Caroline, convoquèrent, à Carleston, les chefs et confédérés des Cherakis et des Kaouitas, pour les engager à leur permettre de fortifier chez eux leurs magasins de traites, et d'y établir gar-

nison. M. de Kerlerée , gouverneur de la Louisiane , empêcha ces peuples d'adhérer à leurs de-
mandes et déconcerta leurs projets.

Ces faits , établis d'une manière incontestable ,
prouvent évidemment que toutes les terres , lacs
et rivières de la partie orientale , occidentale et
méridionale du Canada et de la Louisiane , appartiennent à la France par droit de découverte et
de conquête , par droit de possession et établissement antérieur à tout autre.

Nous allons maintenant examiner la nature et
la valeur des titres en vertu desquels les Anglais
en réclamaient la propriété.

CHAPITRE VI.

Titres et prétentions de l'Angleterre sur la partie orientale du Canada.

On observe d'abord que les Anglais n'ont songé à s'établir dans l'Amérique septentrionale qu'en l'année 1584, sous le règne de la reine Elisabeth; c'est-à-dire, environ cinquante après que Jacques Cartier eut pris possession solennelle de toute la partie orientale et occidentale du Canada, au nom de François premier.

On observe que l'Angleterre n'y envoya, pour la première fois, des habitans qu'en 1785, sous les ordres de Richard Greniville; c'est-à-dire, que leur premier établissement, dans cette région, n'a eu lieu que quarante-quatre ans après que la France eut envoyé un vice-roi, des troupes et des habitans en Canada, et qu'ils se furent établis et fortifiés sur le fleuve Saint-Laurent.

On observe encore que les Anglais n'ont commencé à établir la Nouvelle-Plymouth, aujourd'hui la Nouvelle-Angleterre, qu'en 1614; c'est-à-dire neuf ans après que MM. De Mont et Champlain eurent reconnu et repris possession de toute la côte méridionale du fleuve Saint-Laurent jusqu'au cap Codd.

On observe enfin qu'ils n'ont bâti Boston, au nord dudit Cap, qu'en 1630, c'est-à-dire vingt-cinq ans après que les Français eurent bâti Port-Royal, au nord de la côte occidentale de l'Acadie, et dix-sept ans après qu'ils eurent construit celui de Saint-Sauveur, entre le Kinibequi et la rivière de Pentagoët.

Il est vrai que Sabastien Cabot, vénitien de nation et muni d'une commission d'Henri VII, roi d'Angleterre, découvrit l'Amérique septentrionale en 1497.

Mais outre l'exactitude des faits que je viens d'établir et qui prouvent évidemment que les Anglais ont au moins usurpé à la France tout le terrain au nord du cap Codd, jusque vers les sources du Kinibequi, c'est-à-dire jusqu'aux lacs d'Ouramana, l'Angleterre ne saurait se faire un titre des découvertes de ce navigateur, puisque tous les historiens s'accordent sur son compte et assurent qu'il ne débarqua dans son voyage nulle part sur le continent, et qu'il ne fit qu'apercevoir les côtes de Terre-Neuve.

Je ne puis m'empêcher de comparer les prétentions de l'Angleterre, à celle d'un voyageur qui, dans sa route, aurait aperçu une bourse sans se donner la peine de la ramasser, et qui apprenant ensuite qu'elle renfermait des effets précieux et qu'un autre voyageur plus actif que lui s'en serait emparé, se croirait en droit d'en réclamer la propriété, parce qu'il l'aurait aperçue le premier.

L'Angleterre prétend que lorsque nous lui avons cédé l'Acadie en 1713, par le traité d'Utrecht, nous lui avons cédé en même temps tout le pays qui lui est adjacent, c'est-à-dire le pays des Mines et le Cobeguit, la Baye-Française, la côte de Pentagoët jusqu'au Kinibequi, celle de Canceau jusqu'à Gaspé, et généralement toutes les terres, lacs, rivières et baies qui forment la partie orientale et méridionale du Canada.

Mais cette prétention n'est pas moins injuste et moins dénuée de fondement, ce qui m'est très-facile à prouver.

1°. En 1535, les Français comprirent tout le continent de cette côte, sous le nom de Norimbegue, et lorsqu'en 1604 ils eurent reconnu la partie méridionale de la Péninsule, ils la nommèrent Acadie, du nom des sauvages qui l'habitaient.

2°. En 1621, le chevalier Guillaume-Alexandre, comte de Sterlin, devenu propriétaire de tout ce pays par la concession de Jacques premier, roi d'Angleterre, il le partagea lui-même en deux provinces, et donna le nom de *Nouvelle-Alexandre* à la Norimbegue, et celui de *Nouvelle-Écosse* à l'Acadie.

3°. La France étant rentrée en possession de ce pays en 1632 par le traité de Saint-Germain-en-Laye, en fit, ainsi que je l'ai dit ci-dessus, trois gouvernemens particuliers, et qu'elle distingua toujours celui de l'Acadie des deux autres.

4°. Que la France et l'Angleterre ne connaissaient, lors du traité d'Utrecht, sous le nom d'Acadie, que la côte méridionale de la Péninsule, qui, depuis Canceau jusqu'au cap de Sable, forme une étendue de pays de quatre-vingts lieues de l'est à l'ouest, sur dix, quinze, neuf et treize lieues de profondeur du nord au sud, ce qui fait un contour d'environ deux cent vingt-cinq lieues de France, lequel pays est borné au nord-est par la rivière aux Saumons, le lac et rivière Chabénacadie, et celle de Pigiguit exclusivement, et par le lac Rossignol et le cap Fourchu inclusivement.

5°. Que ces deux puissances regardaient pour lors la ville de Port-Royal comme un établissement au-delà des limites de l'Acadie, et que la cession expresse et particulière n'en fut motivée dans l'article XII, que dans cette idée et afin de prévenir tout doute et discussion dans cette partie.

Qu'en fait de cession, il est de droit et de règle de stipuler et motiver en termes clairs et distincts tout ce qu'on cède et transporte.

Ces principes posés, et dont les Anglais ne peuvent disconvenir, il est évident que la France et l'Angleterre ont toujours regardé l'Acadie, ou Nouvelle-Ecosse, comme une province distincte et séparée de la Norimbegue, ou Nouvelle-Alexandrie.

Il est évident qu'au moment des discussions, les deux puissances n'ayant jamais connu d'autres limites à cette province que celles dont je viens de parler, la Grande-Bretagne ne pourrait former de prétentions légitimes que sur le pays que la France lui avait cédé en termes clairs et distincts.

Or, comme la France n'a cédé clairement et distinctement, par l'article XII du traité d'Utrecht, que l'Acadie en son entier, conformément à ses anciennes limites, et la ville de Port-Royal, il est incontestable que l'Angleterre ne pouvait avoir aucuns droits sur la Norimbegue; c'est-à-dire, sur les terres, lacs, baies et rivières qu'elle comprend, jusques aux côtes de la Nouvelle-Angleterre, et qui se trouve au-delà des bornes de l'Acadie et de Port-Royal.

Il est vrai que l'article XII, qui motive la cession de l'Acadie et de Port-Royal, dit et porte en même-temps, que la France cède à l'Angleterre généralement tout ce qui dépend desdites terres et îles de ce pays-là.

Mais outre que cette addition n'ajoute rien aux pays concédés, il est évident qu'elle ne peut avoir pour objet que les terres et îles enclavées dans le continent de l'Acadie et de Port-Royal, puisque, suivant les principes établis, il est certain que si la France et l'Angleterre eussent prétendu étendre les dépendances de cette province au-delà de ses anciennes limites, l'article XII en aurait motivé distinctement la cession, comme il a motivé celle de Port-Royal ; les Anglais ne purent donc, sans mauvaise foi, se prévaloir dudit article pour étendre leurs prétentions.

Il est encore vrai que le même article ajoute, qu'il ne sera pas permis à l'avenir aux sujets de sa majesté Très-Chrétienne d'exercer la pêche à trente lieues près des côtes de la Nouvelle-Ecosse, au sud-est, en commençant à l'île de Sable inclusivement, et en tirant au sud-ouest.

Mais outre que les Anglais n'ont eu garde de changer le nom au pays qui leur a été formellement cédé, on observe que cette clause n'interdisait aux Français la pêche que le long des côtes de l'Acadie, et que ne motivant ni la cession de la baie française, ni celle de la côte de Pentagoët, la France en a toujours conservé la propriété et le droit de les pratiquer.

Il est donc évident que ladite clause n'était pas plus favorable aux Anglais que celle que je viens de réfuter, et l'on peut en conclure que la Grande-Bretagne n'avait pu trouver, dans l'article XII du traité d'Utrecht, aucuns prétextes légitimes pour étendre ses prétentions sur la partie orientale et méridionale du Canada, au-delà des limites de l'Acadie et de Port-Royal.

CHAPITRE VII.

Titres et prétentions de l'Angleterre sur la partie occidentale et méridionale du Canada.

L'ANGLETERRE prétend que les monts Apalaches n'ont jamais été les limites de ses possessions dans l'Amérique septentrionale.

Pour détruire cette prétention, il ne faut que se rappeler ce que j'ai déjà dit, et remonter jusqu'aux premiers événemens que l'histoire nous transmet à cet égard ; on y apprend que les Suédois et les Hollandais ont découvert la Nouvelle-Jersey, la Pensylvanie et la Nouvelle-Belgique ; qu'ils ne s'y sont établis qu'en 1614, long-temps après que les Français eurent pris possession du pays à l'ouest des montagnes Apalaches ; et que, pendant qu'ils ont été possesseurs de ces trois provinces, ils ont regardé ces montagnes comme les limites de leurs domaines.

Les Anglais, ne sont devenus les maîtres de la Nouvelle-Belgique, à laquelle ils ont donné le nom de la *Nouvelle-Yorck,* qu'en 1667, par le traité de Bréda ; depuis cette époque jusqu'en 1753, ils ont eux-mêmes respecté les montagnes Apalaches, comme des bornes décidées, et qui séparaient, sans équivoque, leurs possessions d'avec celle de la France.

Ce fait est d'autant plus certain et authentique, que les sujets de la Grande-Bretagne n'ont jamais connu ni pratiqué l'Ohio que pour y traiter en fraude , et que la cour de Londres a toujours désavoué les traiteurs que les Français ont surpris, confisqués ou arrêtés sur cette rivière.

Or, si les premiers possesseurs de la Nouvelle-Yorck ont regardé les montagnes Apalaches comme une barrière que la nature avait mise entre eux et les Français ; et si les Anglais eux-mêmes ont toujours été, de leur propre aveu, bornés par ces montagnes dans leurs colonies, il est évident qu'ils n'ont pu les franchir sans injustice et sans se déclarer ouvertement usurpateurs.

L'Angleterre prétend que les Iroquois et les principales nations à l'ouest des Apalaches , leur ont fait la vente de leurs pays.

Pour constater cette vente , les Anglais citèrent des traités faits avec ces nations ; mais purent-ils s'imaginer que l'Europe fermerait les yeux sur le ridicule de supposer des contrats avec des peuples que la simplicité et l'ignorance rendent incapables de contracter ? D'ailleurs, on pourrait leur objecter qu'en admettant que ces sauvages fussent habiles à le faire, les Iroquois , devenus sujets du roi de France long-temps avant cette prétendue vente, ne pouvaient disposer, en faveur des Anglais, d'un pays que les Français avaient conquis, et dont ils étaient devenus les maîtres et légitimes possesseurs.

Je ne fais point de réflexions sur des actes aussi chimériques; dans un congrès composé d'habiles ministres on ne peut être la dupe de l'artifice et de la mauvaise foi.

L'Angleterre prétend encore que ses droits sur le pays des Iroquois ont été solennellement reconnus par le traité d'Utrecht.

Je conviens que par l'article XV de ce traité il est dit : « que les habitans du Canada et autres » sujets de la France ne molesteront pas à l'avenir » les cinq nations ou cantons d'Indiens soumis à » la Grande-Bretagne ».

Mais outre que ces expressions ne sont qu'un simple énoncé des prétentions formées par les Anglais au congrès d'Utrecht, et que j'ai prouvé par les droits de la France, que les peuples ne leur ont jamais été soumis, il n'est pas moins constant que cet article ajoute expressément, « que » les commissaires régleront exactement et dis– » tinctement quels seront les peuples qui seront » ou devront être censés sujets et amis de la France » et de la Grande-Bretagne ».

Les Anglais ne pouvaient donc, sans se faire illusion, se prévaloir d'un article qui ne décide rien, et qui, bien loin de parler en leur faveur, con– damne leur conduite et justifie celle de la France.

L'Angleterre prétend encore que le fort d'Osvego , qu'elle a bâti sur les bords du lac Ontario,
sans opposition de la part des Français , est un
acte de possession qui prouve la légitimité de ses
prétentions , et qui ratifie solennellement la vente
prétendue que les Iroquois lui ont faite de leur
pays.

J'ai dit ci-dessus , et je le répète , qu'en 1713
les Anglais obtinrent des cinq cantons , à force de
présens , la permission de bâtir un hangard de
traite sur la rivière de Chouagen ; mais il n'en est
pas moins certain qu'en 1727 , l'ayant converti en
fort, les Iroquois voulurent le détruire et leur déclarer la guerre , et que M. de Beauharnais seul
empêcha qu'ils ne fussent tous massacrés.

Il est encore de notoriété publique , qu'en attendant la décision des commissaires sur les limites , la France protesta toujours contre cette
invasion.

Le fort d'Osvego ne saurait donc leur servir de
titre légitime ; et cet établissement , bien loin
d'être un acte de possession , ne peut être regardé
que comme un monument de surprise et d'usurpation.

CHAPITRE VIII.

Titres et prétentions des Anglais sur la Louisiane.

L'ANGLETERRE prétend avoir découvert le Mississipi avant les Français, ainsi que les terres de la Louisiane, à l'est de ce fleuve jusqu'au golfe du Mexique, et que tout ce pays lui appartient.

Cette prétention est d'autant plus chimérique, qu'il est prouvé, d'une manière incontestable, que les Anglais n'ont cherché la Louisiane que dix-sept ans après que les Français en eurent fait la découverte, qu'ils en eurent pris possession au nom de Louis XIV, et qu'ils s'y furent établis et fortifiés.

Il est vrai que les Anglais ont tenté plusieurs fois d'envahir cette colonie, soit à main armée, soit en soulevant les sauvages contre les Français; mais il est de fait qu'en 1699, époque de leur première expédition et entreprise, ils ne la connaissaient alors que par des relations infidelles, puisque la même année ils furent chercher l'embouchure du Mississipi au fond du golfe du Mexique. Il est certain qu'ils ne firent jamais de tentatives pour s'emparer de ce pays que sur les avis et la conduite des Français déserteurs ou réfugiés.

4

De pareils actes ne peuvent donc leur donner aucuns droits sur cette colonie, et ne servent, au contraire, qu'à dévoiler leur injuste ambition.

L'Angleterre ne pouvait pas ignorer en 1713, lors du congrès d'Utrecht, que l'année précédente Louis XIV avait cédé à M. de Crozat la Louisiane, par des lettres-patentes qui comprenaient toutes les terres, lacs et rivières, tant à l'est qu'à l'ouest de cette colonie.

Elle n'ignorait pas non plus en 1738, lors du traité de Vienne, qu'en 1717, Louis XV l'avait encore cédée en son entier, et par de nouvelles lettres-patentes, à la compagnie d'Occident.

Or, cette couronne n'ayant fait aucune protestation juridique, ni au congrès d'Utrecht, ni au traité de Vienne, contre ces deux cessions, ni au traité d'Aix-la-Chapelle, contre les établissemens que les Français n'ont cessé de faire dans ce pays, il est évident que son silence, à cet égard, est un aveu authentique de l'injustice de ses prétentions.

Il est encore vrai que les Anglais avaient établi des factoreries chez quelques nations de la Louisiane, et qu'ils prétendent que ces établissemens sont autant de monumens qui leur en garantissent la propriété; mais, outre qu'il était facile de multiplier des établissemens sur la carte d'un pays trop étendu et trop dangereux pour avoir été parfaitement reconnu, je compare ces prétentions à une carte des terres australes que l'on apporterait en France, où l'on ne pourrait contredire les rivières et les lacs que l'ingénieur aurait pu placer arbitrairement.

Cependant, je vais encore prouver aux Anglais qu'ils n'auraient jamais dû se prévaloir des hangards de traite dont ils appuyent leurs prétentions.

1°. Les Anglais n'ont eu des factoreries que chez trois nations, les Cherakis, les Chicachas et les Kaouitas ou Kriés.

2°. Que les factoreries n'ont jamais été que des cabanes, différentes des autres simplement par un seul entourage de pieux.

3°. Que ces établissemens n'ont jamais eu ni consistance, ni propriété civile, ni stabilité, puisqu'ils ont toujours payé aux sauvages un tribut annuel pour les tolérer chez eux, et que ces peuples les en ont délogés et chassés à leur gré et suivant leurs caprices.

4°. Que les traiteurs anglais n'ont jamais fréquenté ces nations que comme des colporteurs qui courent les foires, et que la plupart n'avaient d'autres retraites que les cabanes mêmes des sauvages, qu'ils louaient pendant le séjour qu'ils fesaient dans le pays.

Or, comme de pareils établissemens n'ont qu'une existence précaire et momentanée, il est évident que les titres de l'Angleterre, sur les terres de la Louisiane, n'avaient ni forme ni réalité, et que leurs prétendus monumens de possession ne peuvent être regardés que comme une preuve éclatante de la modération des Français, qui les ont soufferts, voulant s'en rapporter entièrement à la décision des commissaires avant de s'y opposer.

Les Français n'ont jamais, en effet, excité les sauvages à la révolte, ni mis leurs têtes à prix comme les Anglais; ils ont, au contraire, cherché toujours à maintenir les sauvages, et à adoucir la barbarie de ces peuples.

Il est vrai qu'en 1756, les Anglais ayant franchi les montagnes des Cherakis avec un corps de troupes et d'ouvriers pour bâtir des forts chez ces peuples, et construire des bateaux sur les rivières pour descendre le Mississipi et s'emparer de la Louisiane, le gouverneur de cette colonie engagea les nations à s'y opposer, et ils les forcèrent à se retirer sur leurs frontièress.

Je ne m'étendrai point en réflexions sur la légitimité des prétentions qui furent formées par les Anglais; la vérité, dépouillée de tout ornement, est la seule arme avec laquelle j'ai voulu les combattre. Je crois nécessaire de joindre à ce Mémoire général un développement circonstancié des pays dont les Anglais voulaient être en possession sans concurrence : mon projet n'a point été de faire un mémoire amusant; je serai trop payé de mon travail s'il se trouvait une circonstance où l'on aurait besoin d'éclaircissemens sur cette partie de l'histoire , et si l'on trouvait dans mon ouvrage les lumières que l'on désirerait acquérir.

CHAPITRE IX.

Développement du pays dont les Anglais récla-
maient la propriété, et les peuples sauvages
qu'ils prétendaient leur être soumis.

Pays des cinq cantons des Iroquois, avec la po-
sition de leurs établissemens.

LE pays des Iroquois est situé entre les montagnes Apalaches et le lac Ontario ; il est bordé
au nord-est par le fort Linnan, fort anglais situé
sur la rivière d'Albani, environ quatre lieues au-
dessous du lac du Saint-Sacrement ; au nord-ouest,
par la rivière à la Planche, qui se dégorge dans le
lac Ontario, à huit lieues au-dessus du fort d'Osvego ou de Chouagen, et au sud par la rivière
Gasconchiagou, laquelle prend ses sources dans
lesdites montagnes, et qui, courant de l'est à
l'ouest, va se dégorger dans le lac Ontario. Ce
pays comprend la rivière à la Famine, le lac des
Agniers, la rivière Chouagen, et le marais de
Ganantaha.

Les cantons des Tsonnouthouans, des Goyo-
goins et des Onotaguez, sont établis entre les
montagnes Apalaches, la rivière Gasconchiagou,
celle de Chouagen, et le marais de Ganentaha,
qui est à vingt lieues au-dessus du lac Ontario.

Les Agniers sont au-dessus d'un petit lac qui porte leur nom, et les Ounegouths au-dessous, et ces deux cantons étendent leurs établissemens jusques dans les gorges desdites montagnes.

Les Ontouacts ou Missisaguets, qui sont établis entre le lac Ontario et le marais de Ganentaha, forment encore un petit canton composé d'anciens Hurons , d'Algonquins ou Outouais , vaincus par les Iroquois.

C'est dans cette étendue de pays, qui forme un contour d'environ deux cents lieues, que les cinq nations sont situées et établies.

Sources de l'Ohio.

L'Ohio n'a que deux sources; la première est à vingt-quatre lieues au nord-est du lac Crié, et à huit lieues au-dessous de la rivière Gasconchiagou, c'est-à-dire, à huit lieues au sud des limites des Iroquois.

La seconde , qui est la principale , est le lac Tchadakoin, situé à sept lieues à l'est du lac Crié, et l'une et l'autre se réunissent en fesant une fourche après un cours de vingt-quatre lieues.

Il y a trente-une lieues depuis leurs points de réunion jusqu'au lac Crié, et environ trente jusqu'aux montagnes Apalaches ; lesdites sources n'ont aucune communication avec les branches des rivières Susquehanna et Patoumak, qui ar-

rosent la Pensilvanie et le Maryland , et qui se
déchargent, à l'est, dans la baie de Chesapeack
ou dans la mer.

*Cours de l'Ohio , avec le nom des principales ri-
vières qui s'y dégorgent , et la distance de l'une
à l'autre.*

L'Ohio court nord , sud et ouest, et va se dégorger à cent cinquante lieues de sa source, dans
le Mississipi , à quarante-trois lieues au-dessous du
chef-lieu des Illinois, c'est-à-dire , du fort de
Chartres.

Cette belle rivière serpente, presque dans tout
son cours , entre des rochers, et roule ses eaux
à vingt-cinq , trente-cinq et soixante lieues ou
environ de la vraie chaîne des Apalaches , depuis
ses sources jusqu'à l'embouchure de la rivière
Neuve , d'où elle commence à courir à l'ouest ,
et d'où elle s'éloigne de plus en plus desdites
montagnes.

On compte depuis les sources de
l'Ohio jusqu'à la rivière aux Bœufs.   60   lieues

De la rivière aux Bœufs à la rivière
Atigné. 35

De la rivière Atigné à la rivière Ma-
lenguculée. 12

———————
105

Ci-contre . 105

De la rivière Malengueulée à la Chi-
ningué.   15

De la Chiningué à la Chanouské. . . .   100

De la Chanouské à la la rivière Neuve.   65

De la rivière Neuve à Souhiato.   25

De Souhiato à la rivière Blanche. . .   30

De la rivière Blanche à la rivière à la
Roche   20

De la rivière à la Roche à la grande
Chûte, ou à la rivière aux Charbons. . .   50

De la rivière aux Charbons à l'Oua-
bache   100

De l'Ouabache à la rivière des anciens
Chouanous.   15

De la rivière des anciens Chouanous
à la rivière des Cherakis.   10

De la rivière des Cherakis à l'embou-
cure de l'Ohio, dans le fleuve du Mis-
sissipi.   15

————————

550 ^{lieues.}

Situation et cours des susdites rivières.

La rivière aux Bœufs se dégorge au nord de
l'Ohio, elle prend sa source à sept lieues du lac
Crié, et on lui donne trente lieues de cours.

La rivière Atigné est au sud, elle prend sa

source dans les montagnes au sud-ouest de la Pensylvanie, et on lui donne environ quarante lieues de cours.

La Malengueulée se dégorge au sud; elle a environ soixante lieues de cours depuis son embouchure dans l'Ohio jusqu'aux montagnes Apalaches où elle prend sa source, à l'ouest du Maryland.

C'est à trente lieues au-dessus de l'embouchure de cette rivière, que les Anglais vinrent bâtir, en 1754, à main armée, le fort de la Nécessité.

La Chiningué est au nord de l'Ohio, et prend sa source à huit lieues au-dessous du lac Crié; elle a environ quarante-trois lieues de cours.

La Chanouské, que les Anglais appellent la *Rivière d'Elan*, est aussi au nord, elle prend sa source à neuf lieues du lac Crié, et elle a environ quatre-vingts lieues de cours.

C'est par cette rivière et la Chiningué que les Anglais se rendaient à la baie de Sandoské, au sud du lac Crié, pour y traiter en fraude avec les sauvages.

La rivière Neuve, que les sauvages appellent la *Rivière aux Anglais*, parce qu'elle est le passage de leurs traiteurs sur l'Ohio, et au sud de l'Ohio elle a soixante-dix lieues de cours depuis son embouchure jusqu'aux montagnes Apalaches, où elle prend sa source, au nord-ouest de la Virginie.

La Souhiato est au nord, elle a environ cent

lieues de cours ; elle prend sa source à vingt lieues au sud-est du lac Crié : c'est encore par cette rivière que les Anglais vont à la baie de Sandoské.

La rivière Blanche est au nord, elle a aussi environ cent lieues de cours et prend sa source à vingt-cinq lieues au sud-est du lac Crié.

La rivière à la Roche se dégorge au nord de l'Ohio, et elle a environ cent douze lieues de cours ; elle prend sa source à soixante lieues au sud du lac Crié.

Cette rivière est aussi la route par laquelle les Anglais pénètrent dans les nations du nord, ce qui est facile à entendre par les détails suivans :

1°. Cette rivière communique, au moyen d'un portage de huit lieues, avec une branche de la rivière des Méanis, qui a sa source à soixante lieues du lac Crié, dans laquelle elle se dégorge.

2°. La rivière des Méanis communique, au moyen d'un autre portage de trois lieues au sud, avec l'Ouabache, et au moyen d'un troisième de douze lieues au nord, avec la rivière Saint-Joseph, qui va se dégorger à quatre-vingts lieues dans la pointe, au sud du lac Michigan.

3°. Les Méanis, qui sont situés au-dessus de la rivière à la Roche (*), étendent leurs établissemens

____

(*) Les Anglais appellent la Rivière à la Roche, la rivière de l'Awars.

depuis leur rivière jusqu'à l'embouchure de celle Saint-Joseph , dans le lac Michigan , et les Anglais paient annuellement à ces sauvages un tribut, pour avoir un passage libre sur leurs terres.

4°. Les jeunes guerriers de cette nation, séduits par des présens et de l'eau-de-vie , accordèrent aux Anglais , en 1748 , la permission d'aller établir un hangard de traite à vingt lieues au-dessous du fort du détroit que les Français avaient sur leur rivière; mais les chefs et considérés de ces peuples s'y étant fortement opposés , cet établissement n'a jamais été que projeté et tracé.

La rivière aux Charbons, qui borne au sud les dépendances du Canada , se dégorge au sud de l'Ohio ; elle prend sa source dans les montagnes Apalaches, à l'ouest de la Virginie , et elle a environ cent vingt lieues de cours.

L'Ouabache a environ deux cent vingt lieues de cours, et se dégorge au nord de l'Ohio ; cette rivière a deux sources, qui se trouvent entre la rivière Saint-Joseph et celle des Méanis ; l'une à soixante-dix lieues au sud-est du lac Michigan, et l'autre à cinquante lieues au sud du lac Crié. Elle communique, par la première, avec la rivière Saint-Joseph , au moyen d'un portage de six lieues ; et, par la seconde, avec la rivière des Méanis, au moyen d'un autre portage de trois lieues , ainsi que je l'ai expliqué ci dessus.

La rivière des anciens Chouanous, que les Anglais appellent maintenant la rivière *de Cumberland,* depuis qu'ils y ont formé quelques établissemens sous la conduite des Chicachas, est au sud de l'Ohio; elle a cent quatre-vingts lieues de cours depuis son embouchure, dans la belle Rivière jusqu'à sa source, qu'elle prend au sud-est des montagnes de la Virginie.

La rivière des Cherakis, que les Anglais appellent *Hogohegée,* prend sa source dans les montagnes Apalaches, au sud-ouest de la Virginie ; elle porte d'abord ses eaux à l'ouest des montagnes, puis, courant au sud, et se repliant au sud-ouest, elle forme un coude, et va se dégorger dans l'Ohio.

Cette rivière est grossie, dans son cours, par plusieurs autres; mais les principales sont les rivières Tanassé et Enfazé, qui prennent leurs sources au nord-ouest des montagnes de la Caroline.

La rivière des Cherakis peut avoir deux cent cinquante lieues de cours ; elle en a quatre-vingt-dix depuis sa source jusqu'à la rivière Tanassé , et cent soixante depuis la Tanassé jusqu'à l'Ohio.

Noms des peuples établis sur les bords de l'Ohio.

Il faut observer que les sauvages ne font jamais la guerre à leurs semblables pour conquérir leurs pays; les Anglais ont avancé ce fait, qu'il est aisé de détruire : la vengeance ou la gloire de vaincre

sont les seuls motifs qui les y engagent. On observera que les Iroquois n'ont jamais incorporé parmi
eux les prisonniers qu'ils ont faits sur les autres
peuples.

Il y a au sud de la fourche des sources de l'Ohio
deux villages, que l'on appelle *Kanaouangon* et
Paille-Coupée; ces villages sont peuplés de toutes
sortes de sauvages, alliés des Chouanous ou par
eux adoptés, et que ceux-ci y établirent en 1671,
après leur paix de leur réconciliation avec les
Iroquois.

Les Chouanous sortent de la tribu des Eriés ou
Chats, et sont propriétaires naturels du lac Crié et
de l'Ohio.

Les Loups, connus maintenant sous les noms de
Mahingans, de la Nouvelle-Yorck, que les Chouanous adoptèrent parmi eux en 1702, sont établis
à trente et quarante lieues plus bas; c'est-à-dire,
au-dessus et au-dessous de la rivière aux Bœufs, et
au sud de l'Ohio. Il y a parmi eux quelques sauvages de la Pensylvanie, des Outagamis ou Renards,
et des Kicapoux, quelques anciens Hurons et
quelques Iroquois, qui, par mécontentement de
leurs nations et des Anglais, s'y sont retirés an-
ciennement, et que les Loups ont aussi adoptés et
incorporés parmi eux.

Les Chouanous et les Andastes, leurs anciens et
et fidèles alliés, sont situés à quarante-cinq ou

soixante lieues plus bas que les Loups, leurs frères adoptifs ; ils ont leurs établissemens au nord de l'Ohio, entre les rivières Chiningué et Chanousté. Il y a encore parmi eux quelques Iroquois, plusieurs Tuskagoras, et autres anciens sauvages de la Virginie, qui s'y sont aussi retirés par mécontentement de la part de leurs tribus et des Anglais, et que les Chouanous ont également adoptés et incorporés depuis long-temps dans leurs nations.

Cours du Mississipi, avec les noms des principales rivières qui s'y dégorgent au nord-est.

On est encore dans l'incertitude sur le lieu des sources du Mississipi ; on peut juger du cours immense de ce fleuve, puisqu'on le suppose à trois cents lieues au nord du saut Saint-Antoine.

Le Mississipi, ou fleuve Saint-Louis, court nord et sud. On lui donne depuis le saut Saint-Antoine jusqu'à l'embouchure de l'Ohio, trois cent trente-cinq lieues de cours ; depuis l'Ohio jusqu'au golfe du Mexique, quatre cent quarante, ce qui fait sept cent soixante-quinze lieues de cours bien reconnu.

On compte du saut Saint-Antoine à l'embouchure de la rivière Sainte-Croix.   20 lieues.

De la rivière Sainte-Croix à la rivière Ouiscousing 100

120

De l'autre part 120

De la rivière Ouiscousing à la rivière des Illinois.......................... 140

De la rivière des Illinois à la rivière des Casquaquias.................... 38

De la rivière des Casquaquias à l'embouchure de l'Ohio....,............. 37

De l'Ohio à la rivière des Chicachas. 60

De la rivière des Chicachas au fort des Arkancas, situé à l'ouest du fleuve. 100

Du fort des Arkancas à l'embouchure de la rivière des Jazons............. 100

De la rivière des Jazons au fort de Natchez........................ 55

Du fort de Natchez au fort de la Pointe coupée, situé à l'ouest du fleuve. 40

Du fort de la Pointe coupée à la Nouvelle Orléans...................... 50

De la Nouvelle-Orléans à l'embouchure du Mississipi dans le golfe du Mexique...................... 35

____
775 ^{lieues}

Sources et cours des susdites rivières.

La rivière Sainte-Croix prend ses sources dans les terres, à cinquante lieues au-dessous du lac Supérieur, à cent lieues à l'est du Mississipi, et à

quarante-cinq lieues à l'ouest de la baie des
Noguets, sur le lac Michigan.

La rivière d'Ouiscousing prend aussi ses sources
dans les terres, à soixante lieues à l'est de son embouchure, et à quarante-cinq lieues à l'ouest de
la baie des Puants.

Nota. L'Ouiscousing communique, par un portage de deux lieues, avec la rivière aux Renards,
qui se dégorge à cinquante lieues dans le lac des
Puants, situé à quinze lieues au-dessus de la baie
de ce nom, et dans laquelle baie ledit lac refoule
ses eaux. Les Français avaient un fort entre ledit
lac et ladite baie.

C'est par cette route que les traiteurs du Canada se rendent au nord du Mississipi, et qu'ils
communiquent avec les nations au nord de ce
fleuve.

La rivière des Illinois, qui forme une fourche
avec le Theakiki, prend ses sources à vingt-cinq
lieues au sud du lac des Puants, et à vingt lieues à
l'ouest du lac Michigan, et on lui donne cent
quatre-vingts lieues de cours. Cette rivière, qui
est grossie par plusieurs autres, et qui traverse le
lac Pinitcoui, communique, après un cours d'environ cent cinquante lieues, avec le lac Michigan,
au moyen d'un portage d'une demi-lieue, et par la
rivière Chicagou, laquelle se dégorge à quinze

lieues à l'ouest dans ledit lac, et à trente lieues au-dessus de la pointe méridionale.

Le Theakiki, qui prend sa source à trente lieues au sud-est du lac Michigan, et qui communique avec la rivière Saint-Joseph, au moyen d'un portage de six lieues, roule ses eaux au sud-ouest, entre ledit lac et la Loubache, et va se joindre, après un cours de cent trente lieues, à la rivière des Illinois, à cent lieues de son embouchure dans le Mississipi.

Nota. Le Theakiki est encore grossi par plusieurs rivières, et que celle qui porte le nom des Iroquois, a été ainsi nommée par les Illinois, en mémoire de la victoire complète que ces peuples remportèrent, en 1684, sur les Iroquois.

La rivière des Cascaquias a cinquante lieues de cours, et prend ses sources à trente-six lieues au sud du lac Pinitcoui.

La rivière des Chicachas prend sá source à soixante lieues à l'est de son embouchure dans le Mississipi.

La rivière des Jazons prend sa source au-dessus du pays des Chicachas, et court nord et sud, à vingt-cinq, vingt et dix lieues à l'est du fleuve; on lui donne cent quatre-vingts lieues de long jusqu'à son embouchure.

Noms des principales Nations établies sur les rivières au nord du Mississipi.

Les Malomines, ou Folles-Avoines, sont établis à quarante lieues au sud des sources de la rivière de Sainte-Croix.

Les Renards, autrement Outagamis, et les Mascoutins, sont établis sur la rivière d'Ouiscousing et celle des Renards.

On observe ici que ces nations furent gagnées, en 1712, par les Anglais, et, qu'à leur instigation et par leurs secours, elles entreprirent de brûler le fort du Détroit, établi en 1701, de massacrer tous les Français et de livrer le pays aux Anglais; mais les Outaouais, les Hurons, les Sakis, les Malomines, les Illinois et les Pouteouatamis, ayant été instruits de leurs entreprises, marchèrent aussitôt au secours des Français, détruisirent presque entièrement les peuples révoltés, et firent échouer le projet que les Anglais avaient formé de s'y établir.

Nota. Le fort du Détroit est à vingt lieues au nord de l'embouchure de la rivière de Meanis, et à vingt-cinq lieues des sources de la rivière Saint-Joseph ; ce poste est entre le lac Crié et le lac Huron, et il est d'autant plus important qu'il est au centre des nations, et qu'au défaut de l'Ohio, il favorise la communication du Canada avec la

Louisiane , soit par la rivière Saint-Joseph ou par l'Ouabache.

Les Sakis , qui forment la branche aînée des Renards , étaient autrefois établis entre le lac Michigan et le lac des Puants ; mais depuis l'époque que l'on vient de citer, ils ont incorporé, parmi eux , les débris de la race cadette, et ils habitent avec eux également sur la rivière d'Ouiscousing.

Les Puants , ou Olchagras , sont établis le long de la baie qui porte leur nom ; les Français y avaient un fort.

Les Ponteouatamis font deux branches ; la première est établie au sud du lac Michigan, à l'embouchure de la rivière Saint-Joseph , et la seconde au Détroit.

Les nations Illinoises, qui sortent originairement du pays au nord-ouest du Mississipi , forment huit tribus différentes, qui sont : les Illinois , les Méanis, les Péorias , les Tamarouas , les Kaokias , les Cascaquias , les Metchigamias et les Peanguichias.

Les Peorias sont établis au-dessus de la rivière des Illinois , vers son embouchure.

Les Illinois sont établis au-dessus du lac Pinitoui, et de ladite rivière , à laquelle ils ont donné leur nom.

Les Kaokias , les Tamarouas , les Metchigamias et les Cascaquias , sont aussi au-dessous de ladite rivière et sur les bords du Mississipi.

Les Peanguichias sont établis sur l'Ouabache, à côté du fort Vincennes, et à soixante lieues au-dessus de la jonction avec l'Ohio.

Les Méanis, qui étaient établis, en 1671, sur la rivière des Illinois, et qui s'étendaient vers celle de Chicagou et le lac Michigan, forment aujourd'hui trois branches. Les Méanis de la première branche sont situés au-dessus de la rivière Saint-Joseph, vers son embouchure dans le lac Michigan.

Les Méanis de la seconde sont établis au sud du lac Crié, sur la rivière qui porte leur nom; les Français y avaient un fort.

Ceux de la troisième, sont les Oyatanous, domiciliés sur l'Ouabache, à quatre-vingts lieues au-dessus des Peanguichias, ou du fort Vincennes, et environ à quatre-vingts lieues au-dessous de ses sources, où les Français ont encore un second fort sur cette rivière.

Pays et situation des Chirakis , au sud des Illinois et de l'Ohio.

Le pays héréditaire des Cherakis est au nord-ouest des montagnes de la Caroline, entre la rivière à laquelle ces sauvages ont donné leur nom, et les montagnes Apalaches ; il comprend les rivières Tanassé et Enfasé qui le traversent, et qui prennent leurs sources dans lesdites montagnes.

La Tanassé, qui court ouest et sud depuis ses

sources jusqu'à son embouchure dans la Cherakise, a environ quarante lieues de cours, et
l'Enfasé, qui se dégorge aussi dans la Cherakise,
à trente lieues au-dessous de la Tanassé, et qui
court à l'ouest, en a cinquante. On compte cent
trente lieues depuis l'embouchure de l'Enfasé jusqu'à l'Ohio.

Les terres que ces sauvages habitent s'étendent
du nord au sud, en suivant la chaîne des montagnes, depuis la petite rivière nommée *Outago*,
située à dix lieues au-dessus de la Tanassé, jusqu'à
dix lieues au-dessous de l'Enfasé, ce qui fait une
étendue de pays d'environ soixante-cinq lieues,
sur vingt-cinq, trente et quarante de large; c'est-
à-dire, un contour d'environ deux cents lieues.

Les Cheraquis composent quarante bourgades,
il y en a dix-neuf d'établies dans la plaine, entre
le Tanassé et l'Enfassé, et vers les bords de la
Cherakise, onze dans les gorges des montagnes,
et dix que les Anglais ont attirées et fixées à l'est
desdites montagnes (1); c'est-à-dire, de leur côté,
où ils ont le fort Kiouchi et le fort Tugelo, pour
défendre la Caroline et la Géorgie. Ils en ont encore un troisième sur la Cherakise, à cinquante

---

(*) On donne à ces montagnes environ trente ou quarante lieues de traversée, et autant aux montagnes des
forts Kiouchi et Tugelo.

lieues au-dessus de ses sources, et à quarante lieues au nord de la Tanassé, pour arrêter les incursions de ces peuples du côté de la Virginie; les traiteurs l'appellent *le fort London*.

Les Anglais ont dans chaque quartier de ces bourgades, des magasins de traite; celui qu'ils avaient sur la Tanassé a quinze lieues, et son embouchure dans la Cherakise est entourée de pieux et fortifiée, on l'appelle *le fort Chotté*.

Celui qu'ils ont sur l'Enfasé, à vingt lieues de son embouchure, était fortifié de même, et s'appelait *le fort Cataga*.

On compte par terre, du centre du pays des Cherakis à l'Ohio, cent lieues, et cent quatre-vingt-dix jusqu'à Carlestone, capitale de la Caroline.

On observe ici que les montagnes Apalaches continuent leur chaîne du nord au sud, jusqu'au pays des Kaouitas, où elles forment un coude et se replient à l'est, le long de la rivière des Alatamaha, qui borne au sud de la Géorgie.

Ces montagnes forment une étendue d'environ deux cents lieues, depuis les sources de la rivière aux Charbons, qui borne la partie occidentale du Canada, jusqu'au pays des Kaouitas.

On observe encore que la situation des Cherakis est à-peu-près comme celle des Iroquois, et que l'on ne pouvait rien céder à l'Angleterre sur leur pays, ni à l'ouest des montagnes Apalaches, sans laisser aux Anglais une porte assurée pour pénétrer, quand ils auraient voulu, dans la Louisiane, et sans leur faciliter les moyens d'exciter dans cette colonie les mêmes troubles qu'ils ont toujours excités dans le Canada, par le moyen des Iroquois.

Tableau des autres Nations principales, au sud de la Louisiane.

Les Chicachas sont à cent lieues au sud de l'embouchure de l'Ohio, à cinquante lieues à l'est du Mississipi, et à cent vingt lieues au sud-ouest des Cherakis.

Les Anglais ont chez eux un grand magasin de traites fortifié.

Le fort de Tombekbé, ou des Tchactas, est à soixante-dix lieues au-dessus des Chicachas, à soixante-quinze lieues à l'est du Mississipi, et à cinquante lieues à l'ouest des Alibamons.

Les Mobiliens et le fort Condé de la Mobille sont à soixante lieues au sud du fort de Tombekbé, et la Mobille est à cinquante lieues au nord de la Nouvelle-Orléans, capitale de la Louisiane.

Les Alibamons, où les Français avaient un fort et une garnison depuis 1715, et les Talapouches, sont à cent lieues au nord-est du fort Condé, à quinze et à dix lieues à l'ouest des bornes de la Floride, et sont situés sur une des branches de la rivière de la Mobille, qui prend sa source vers le pays des Cherakis.

La Mobille peut avoir deux cents lieues de cours, les Abekas et Abecouechis, sont au nord des Alibamons, à quarante lieues au sud-est des Chicachas, et à vingt lieues au sud-ouest des Chouanous de Chalacagué.

Les Anglais avaient une factorerie chez les Abekas, et ces peuples, séduits par l'eau-de-vie, leurs avaient permis de s'y fortifier en 1755; mais les Alibamons, aussi alarmés de leurs entreprises que soumis aux ordres du gouverneur de la Louisiane, détruisirent, en 1756, les palissades qui l'entouraient.

Ils avaient encore une factorerie simple aux Chouanous de Chalacagué.

Ce canton était composé des anciens Chouanous, établis autrefois sur la rivière qui conserve leur nom, vers l'embouchure de l'Ohio dans le Mississipi, et de toutes sortes de sauvages errans et vagabonds.

Les Kaouitas, que les Anglais appellent *Kricks*, sont à trente lieues au nord-est des Alibamons, à dix lieues à l'ouest du coude des montagnes Apalaches, et à soixante-quinze lieues au sud-est des Cherakis.

Les Anglais avaient deux magasins de traite chez les Kaouitas, au moyen d'un tribut annuel qu'ils leur payaient ; mais ces nations ne voulurent jamais leur permettre de les fortifier, et leurs traiteurs ne les fréquentaient que comme des colporteurs.

On observe ici que les Chicachas, peuple naturellement belliqueux et turbulent, sont à deux cent cinquante lieues de Carleston ; et que, malgré leur éloignement, les Anglais entretiennent, à force de largesses, ces sauvages, pour avoir le droit de diriger à leur gré la fureur de ces peuples.

Les Anglais sondaient également les Kaouitas et les Abekas, qui sont à cent quatre-vingts lieues de Carleston, mais qui se trouvent sur la route de cette ville aux Chicachas, pour favoriser leur communication avec ces peuples.

La description abrégée que je viens de faire du pays immense dont je désire faire connaître l'importance, doit suffire pour en apprécier l'étendue. Auparavant d'entrer dans le détail de ces avantages, je vais hasarder quelques moyens qui pourraient concilier la France et l'Angleterre, si nous parvenions à rentrer en possession de ce vaste pays. J'estime assez ma nation pour supposer que si des circonstances malheureuses l'ont obligée de céder une partie de ses domaines, elle n'a jamais perdu de vue le moment de rentrer dans ses possessions légitimes ; qu'éclairée par les fautes qu'elle a faites dans les premiers momens de ces établissemens, elle rectifiera son administration et concourra au bonheur des pays qui brûlent de rentrer sous sa domination ; la Louisiane désolée, emprunte ma faible voix ; concilions, s'il est possible, ses intérêts, la gloire de la nation et la justice qui doit servir de base à tous les traités.

CHAPITRE X.

Moyens praticables pour concilier la France et l'Angleterre sur leurs limites respectives dans l'Amérique septentrionale.

1°. Pour autoriser les idées que j'ose avancer dans ce chapitre, je supposerai premièrement que les Espagnols, éclairés sur l'inutilité pour eux d'avoir ajouté la Louisiane aux vastes possessions qu'ils ont dans le Nouveau Monde, sur l'impossibilité où ils sont de veiller aux progrès de cette colonie, et enfin sur les avantages qui doivent résulter de notre alliance pour la défense de leurs anciennes colonies qui avoisinent ce pays, consentiront à remettre à la France la Louisiane, que nous leur avons cédée par le traité de Versailles, en 1762.

2°. Que le roi de France, toujours plus jaloux du bonheur de ses sujets et de leur tranquillité, que de l'aggrandissement de ses domaines, consentira à faire à l'Angleterre quelques sacrifices dans le nord de l'Amérique.

3°. Que sa majesté Britannique, ou les Provinces-Unies de l'Amérique, voudront se prêter de leur côté à des conditions de paix justes et raisonnables.

Dans ces suppositions, je rappelle, 1°. que Louis-bourg, ou l'Ile-Royale, est de nécessité absolue à la France, pour favoriser et protéger son commerce dans l'Amérique ; que cette île est la porte du golfe et du fleuve Saint-Laurent.

2°. Que la côte orientale et méridionale de ce fleuve est le boulevard de tout le Canada, et en même-temps le seul et l'unique point d'appui de Louisbourg.

3°. Que la France ne saurait conserver long-temps Louisbourg, sans lui conserver une communication sure et libre avec son point d'appui et avec Québec.

4°. Que son point d'appui se trouverait sans fondement et sans défense, sans la Baie-Française et la côte de Pentagoët, qui en sont les remparts.

5°. Que cette baie et cette côte sont encore nécessaires à la France pour ménager une porte de secours au Canada, et pour conserver, entre l'Acadie et la Nouvelle-Angleterre, une barrière qui empêche la réunion qui rendrait ces deux provinces trop puissantes sur le golfe et sur le fleuve, et qui mettrait les Anglais plus à portée que jamais de surprendre et d'envahir tout ce pays, au moment que les Français y penseraient le moins.

Je rappelle encore ici que la partie occidentale du Canada fait la force et la sureté de la partie orientale, et qu'elle est le rempart qui couvre, protège et défend la Louisiane, et sans lequel la France ne peut conserver long-temps cette colonie.

J'ajouterai à cela que la France et l'Angleterre ne sauraient fixer l'inconstance des sauvages, ni les assujettir, comme des sujets civilisés, à un domicile permanent, encore moins les gêner dans leurs traites et leur commerce, sans devenir l'objet de leur haine et les exciter à la révolte.

Une observation bien essentielle, c'est d'avoir la plus grande attention au choix de ceux qui iront traiter avec ces nations ; la plupart étaient des gens sans foi ni lois, perdus de débauche, et sacrifiant tout à leur cupidité ; l'infidélité de leurs rapports a presque toujours été la source et le principe des malheurs et des guerres qui ont désolé ces infortunés indigens.

La plupart de ces nations étaient infestées de déserteurs , ou traiteurs banqueroutiers et sans aveu, qui s'y étaient retirés et domiciliés autant par l'amour de l'indépendance et du crime , que par la crainte du châtiment ; et que ces déserteurs , qui communiquaient tous leurs vices aux sauvages, les entretenaient sans cesse dans l'esprit de révolte, pour se mettre à l'abri des poursuites , et devenaient eux-mêmes les plus cruels ennemis des Français et des Anglais.

J'ajouterai enfin, qu'en laissant subsister de pareils abus, les sujets de la France et de l'Angleterre ne sauraient être tranquilles et en sureté dans leurs établissemens, et qu'il est autant de la sagesse des deux couronnes d'y remédier, que de régler, sans équivoque, leurs limites, pour prévenir désormais entr'elles tout sujet de discussions et de rupture. En voici les moyens.

M O Y E N S.

Quelque soit l'issue de la guerre des Anglais et des Américains, la fin de cette révolution ne peut finir sans que les puissances belligérantes de l'Europe ne se mêlent de la querelle, ou ne servent de médiateurs. Dans ces deux cas, un congrès général peut changer les dispositions du traité de Versailles ; et, en supposant que les Provinces-Unies de l'Amérique soient séparées de leur métropole, la France est en mesure pour réclamer ses anciennes possessions.

La restitution de ce pays à la France devrait, sans doute, être faite suivant les droits que j'ai établis d'une manière incontestable ; mais voulant éviter à jamais tout objet de discussion entre les couronnes, la France pourrait faire le sacrifice de quelques-unes de ses prétentions, en fixant toutefois, par un traité solennel, les conditions des cessions qu'elle ferait aux Anglais, pour ac-

célérer la paix, si nécessaire à tous les peuples :
c'est dans cette hypothèse que je propose ;

1°. Que la France abandonne à l'Angleterre, dans la partie orientale et méridionale du Canada, tout le reste du continent de la Péninsule, qui est bornée au nord par un isthme de cinq lieues de large, par la rivière Mésagoueche, la pointe de Beaubassin ou Chinitou, et la Baie-Verte exclusivement, c'est-à-dire, lui céder tous le pays des Mines et de Cobequit, adjacent à la rivière Pigiguit, aux lacs et rivières Chabenacadie et à la rivière aux Saumons, anciennes limites de l'Acadie, et généralement tout ce qui se trouve entre la côte méridionale de la Baie-Française exclusivement, et la côte orientale de la Péninsule, qui comprend la baie de Chédabouctou et d'Artigoniche, le cap Saint-Louis, de Portépis, et la baie de Talamegouche, le tout aussi exclusivement.

2°. La France cédera encore quinze lieues de côtes à l'est de la Nouvelle-Angleterre, c'est-à-dire, qu'elle reculera ses limites de la baie de Kinibequi, jusqu'à l'île Montinic, ou la rivière Saint-Georges, et tirant une ligne du sud au nord-nord-est depuis ladite île, et le long de la rivière Saint-Georges, jusqu'à la pointe de l'est du lac Kesben inclusivement, et une seconde de l'est à l'ouest, depuis ladite pointe jusqu'à Ouramana, qui borne, au nord, la Nouvelle-Angleterre ; elle cédera tout le pays qui se trouve entre la rivière du Kinibequi et lesdites limites , et renoncera à la pêche de la morue le long de la baie Française et de la côte de Pentagoët.

3°. La France cédera à l'Angleterre, dans la partie occidentale et méridionale du Canada , tout le pays des Iroquois , qui s'étend , comme je l'ai déjà dit , du nord au sud , depuis la rivière à la Planche jusqu'à celle de Casconchiagou , et de l'est à l'ouest, depuis les montagnes Apalaches jusqu'au bord du lac Ontario , et qui comprend la rivière à la Famine, le lac des Agniers , la rivière Chouagen et le marais de Ganentaha.

4°. La France cédera tout le pays au sud de l'Ohio, c'est-à-dire, toutes les rivières et toute la côte qui s'étend du nord au sud , depuis la rivière Casconchiagou jusqu'à la Rivière-Neuve inclusivement , ce qui fait une distance d'environ cent quarante lieues par terre.

5°. La France cédera tout le cours de l'Ohio , depuis sa source, au nord, jusqu'à l'embouchure de la rivière Neuve, c'est-à-dire, deux cent quatre-vingt-cinq lieues du cours de la Belle-Rivière.

Importance des susdites cessions au profit de l'Angleterre et au préjudice de la France.

1°. On observera que la France, abandonnant à l'Angleterre tout le reste du continent de la Péninsule, perd un pays excellent, établi et cultivé, et cède à la Grande-Bretagne un terrain qui augmentera la province de l'Acadie d'environ deux cents lieues de contours, et de onze cents lieues de superficie.

	Contonr.	Superficie.
Comme ci-dessus......	200 lieues.	1100 lieues.
2°. Qu'en lui accordant quinze lieues de côtes à l'est de la Nouvelle-Angleterre, elle lui cède une étendue de pays qui augmentera aussi cette province de cent quarante lieues de contour et de quatre cents lieues de superficie, ci...............	140	400

3°. Qu'en cédant dans la partie occidentale tout le pays des Iroquois entre la côte au sud de l'Ohio, conformément aux limites qu'on vient également d'établir, la France cède un pays qui étendra soixante et quarante lieues à l'ouest des montagnes Apalaches, les bornes de la Nouvelle-Yorck,

340	1500

	Contour.	Superficie.
Ci-contre..........	340 lieues.	1500 lieues.

de la Pensylvanie, du Maryland et de la Virginie, ce qui augmentera encore les possessions de sa majesté Britannique, dans cette partie, d'environ cinq cent soixante lieues de contour, et de six mille cinq cents lieues de superficie.

Il est vrai que cette côte est parsemée de jetées, de rochers; mais elle est couverte de bois et remplie de valons, jusqu'aux grandes montagnes, c'est-à-dire, jusqu'à leur véritable chaîne; et ce pays n'en est ni moins bon ni moins propre à cultiver, ci............ 560 6500

900 8000

J'observe enfin qu'en cédant deux cent quatre-vingt-cinq lieues de cours sur l'Ohio, la France abandonne à l'Angleterre le fort Machault et le fort du Quesne, et perd non-seulement la communication du Canada avec la Louisiane, par la Belle-rivière, mais encore le commerce considérable qu'elle ferait avec les Iroquois, les Loups, les Chouanous et toutes les nations établies sur l'Ohio, et dont les sujets de sa majesté Britannique seront dans le cas de profiter.

En proposant des cessions aussi considérables, la France, en les ratifiant, prouverait à toute l'Europe, le désir qu'elle a d'affermir la paix entre les deux nations : elle ne pourrait cependant faire d'aussi grands sacrifices qu'aux clauses et conditions suivantes :

Clauses et conditions des cessions proposées par la France à l'Angleterre.

ARTICLE PREMIER.

L'Angleterre restituera à la France toutes les conquêtes qu'elle a faite dans l'Amérique septentrionale pendant la guerre dernière; et au moyen du pays que la France lui cède dans cette partie et des avantages qu'elle lui fait, le roi et la couronne de la Grande-Bretagne, ainsi que tous ses sujets, renonceront pour toujours, en termes clairs et distincts, à tous droits acquis par traités ou autrement sur le Canada et la Louisiane, et généralement à toutes prétentions au-delà des limites qu'on vient de fixer et des montagnes Apalaches.

ART. II.

La France conservera dans la partie orientale et

méridionale du Canada , non-seulement la propriété de Louisbourg et de l'île Saint-Jean , mais
encore la propriété du passage de Canceau et de
la côte orientale de la Péninsule , avec la baie de
Chedabouctou et d'Artigoniche , le cap Saint-
Louis , l'île Pictou , le cap de Portepis et de Tata-
megouche , la Baie-verte , la propriété de la côte
de Pentagoët et de la Baie-française , que les sujets
du roi de France pourront pratiquer en tout temps,
pour communiquer avec le Canada ; c'est-à-dire ,
que cette couronne rentrera en pleine possession
de toute la côte orientale et méridionale du fleuve
Saint-Laurent , et de tout le pays au nord des
limites de la Nouvelle-Ecosse , ou de la Péninsule , et des bornes de la Nouvelle-Angleterre.

A r t. III.

Les Anglais ne pourront en aucun temps , et
sous aucuns prétextes , élever aucunes fortifications à dix lieues près de la côte orientale de la
Nouvelle-Ecosse , où de la Péninsule , ni avoir
d'autres forts à portée de ladite côte , que celui
qu'ils ont au sud de l'embouchure de la rivière
Mesagoueche ; c'est-à-dire au sud de la pointe de
Beaubassin , ou Chignitou.

A r t. IV.

Que la France rentrera aussi en possession de

toute la partie occidentale du Canada, à la réserve
du pays concédé à l'ouest des montagnes Apalaches ; c'est-à-dire , le pays des Iroquois, les
terres et rivières au sud de l'Ohio et de son cours,
depuis ses sources jusqu'à la Rivière-Neuve inclusivement ; dans lequel pays les Anglais ne pourront non plus conserver , ni avoir d'autres fortifications , que le fort d'Osvego , sur la rivière
Chouagen, ni sur l'Ohio, que celui qu'ils ont bâti
à la place du fort du Quesne.

A R T. V.

La France conservera pour bornes au nord du
pays des Iroquois et de la Nouvelle-Yorck , la
rivière à la Plance et le lac du Saint-Sacrement,
et à l'ouest le lac Ontario et le lac Crié , avec la
propriété de toutes les terres et rivières au nord
de l'Ohio, ainsi que la propriété du pays au sud
de cette rivière ; c'est-à-dire , des terres et rivières
au-dessous, et depuis la Rivière-Neuve exclusivement jusqu'à l'embouchure de l'Ohio dans le
Mississipi.

A R T. V I.

Que pour prévenir les discussions que pouraient
occasionner entre les sujets de sa majesté Très-
Chrétienne et ceux de sa majesté Britannique , la
trop grande proximité de leurs établissemens,
dans cette patrie, les Français ne pourront en au-

cun temps et sous aucuns prétextes, construire
ni bâtir aucuns forts sur la Belle-Rivière, entre ses
sources et l'embouchure de la Rivière-Neuve, qui
se dégorge à cent quatre-vingts lieues au-dessous
du fort du Quesne, n'y établir les terres qui se
trouvent entre le lac Crié et la rive septentrionale
de l'Ohio, depuis la rivière Casconchiagou jusqu'à l'embouchure de la rivière Souhiato; c'est-
à-dire, que toute cette étendue de pays restera
inculte, inhabitée et en désert.

A R T. V I I.

Qu'afin néanmoins que la France puisse mettre
ses sujets et ses possessions à l'abri et à couvert
des incursions des sauvages, cette couronne conservera, de son côté, le fort de Catarakoui, ou
Frontenac, sur le lac Ontario et le fort de Niagara, au nord du lac Crié, comme aussi le droit
de se fortifier dans les autres limites, lors et ainsi
qu'elle le trouvera à propos.

A R T. V I I I.

Il sera libre à toutes les nations et peuples sauvages, sous quelques dominations qu'ils soient,
de changer à leur volonté de domicile, et de se
retirer et de s'établir suivant leurs goûts et leurs
caprices sur les domaines de l'Angleterre ou de la
France, sans qu'aucune de ces deux puissances

puisse jamais y porter obstacles ou s'en formaliser.

Nota. Cet article est fondé sur l'amour de la liberté, inné chez tous les sauvages, et l'on ne peut, sans injustice, leur ôter le droit primitif de propriété sur les terres où la providence les a fait naître et placés.

A r t. I X.

Il sera libre également à tous les sauvages, sans distinction, de porter et d'aller traiter à leur choix leurs pelleteries ou chez les Français, ou chez les Anglais ; mais il ne sera permis en aucun temps, ni sous quelque prétexte que ce soit, aux sujets de la France et de l'Angleterre, d'aller faire la traite chez les nations ou peuples situés au-delà des limites et des bornes respectives des deux couronnes, sur quoi il sera fait des défenses expresses et publiques, et sous peine de punition exemplaire, tant de la part de sa majesté Très-Chrétienne que de celle de sa majesté Britannique.

A r t. X.

Comme il est aussi de l'intérêt commun de la France et de l'Angleterre de procurer à leurs sujets la sureté et la tranquillité dont ils ont besoin dans leurs établissemens et dans leurs commerces, sa majesté Très-Chrétienne et sa majesté

Britannique se concilieront pour remédier aux troubles et aux désordres que les déserteurs, traiteurs, banqueroutiers, ou gens sans aveu, réfugiés parmi les sauvages, pourraient y occasionner, et qu'à cet effet on donnera aux gouverneurs respectifs les ordres les plus précis.

A R T. X I.

Comme rien ne saurait contribuer plus efficacement au maintien de la paix et du bon ordre parmi les nations et les sujets des deux couronnes dans l'Amérique septentrionale, que la restitution desdits déserteurs, le roi de France et le roi d'Angleterre conviendront d'un cartel pour se les rendre de part et d'autre, pour être punis suivant l'exigence des cas et selon les peines portées par les réglemens que leurs majestés pourront faire de concert à cet égard.

A R T. X I I.

Qu'attendu néanmoins l'impossibilité de prévoir tous les cas qui peuvent se passer dans des contrées aussi éloignées, contre le bon ordre et l'intention des deux rois, soit de la part des sauvages de leurs dominations, qu'on ne saurait discipliner ni contenir dans une exacte subordination, soit de la part de leurs sujets, sa majesté Très-Chrétienne et sa majesté Britannique convien-

dront aussi de se renvoyer et communiquer réci-
proquement les griefs et les plaintes qui pourront
leur parvenir à cet égard, pour en juger entre
elles et à l'amiable, et concerter les moyens de
remédier aux abus qui pourraient troubler leur
union et leur harmonie.

CHAPITRE XI.

Découverte de l'Amérique par Christophe Colomb. Situation de l'Europe au moment de la découverte du Nouveau-Monde. Jacques Cartier découvre le Canada ; on y forme quelques établissemens ; on s'établit aux Antilles. Solo parcourt la Louisiane et y trouve la mort. La Sale part de Québec et découvre le Mississipi et la Louisiane ; il est nommé gouverneur ; sa mort violente. Expédition de Diberville ; Crozat obtient des lettres-patentes qui lui concédent la Louisiane. Faute qu'il fait ; il est obligé de céder son privilège à la compagnie d'Occident ; nouvelle faute qu'elle fait. Expéditions infructueuses de Saint-Denis. Mort de Charles II, roi d'Espagne. Guerres de sa succession.

CE Mémoire a pour but de resserrer les nœuds d'alliance entre la Louisiane et ma nation, de présenter des faits et des objets, de ne rien cacher de ce qui a été, mais d'annoncer ce qui peut être.

Je dois peindre l'accablement de ce pays, et lever ensuite le voile sur les plus belles espérances. Sans m'appesantir sur les mœurs, les coutumes des naturels du pays, j'en parlerai seulement pour indiquer les ressources que l'on peut en tirer ; mais le commerce, les terres, les cultures, sont les objets que je dois traiter avec plus d'étendue.

Ceux qui sont arrivés à la Louisiane après une pénible traversée, et qui ont trouvé ce pays sans culture, l'ont peint comme un pays inhabitable, et les peuples, dont les mœurs étaient différentes des leurs, leur ont paru des barbares : je combattrai plus d'une fois cette erreur. Jetons auparavant un coup-d'œil rapide sur l'étonnante révolution qu'a produite la découverte d'un Nouveau-Monde, et sur la situation de l'Europe à cette époque. Il n'y a pas encore trois siècles que l'on aurait traité d'insensé et d'irréligieux celui qui aurait osé avancer qu'il y eût des antipodes, et l'ignorance était telle alors qu'on refusait d'écouter un système qui intéressait la curiosité de l'univers.

Dans le fort de cette prévention, un pilote gênois s'éleva au-dessus de son état et publia ses idées, les appuya par des raisonnemens, et après avoir été long-temps l'objet de la raillerie et du refus des cours, un roi de Castille, plus instruit ou plus heureux, se rendit à ses propositions et agréa ses services.

Christophe Colomb fit voile avec trois caravelles, et, sept mois après son départ, il donne à l'Europe étonnée le spectacle d'un Nouveau-Monde, de ses habitans et de ses trésors.

Rien n'est plus capable de faire apprécier la

juste valeur des prétentions bien ou mal fondées des grands seigneurs de différentes cours, que de jeter ses regards sur un homme sans naissance, sans emploi, qui s'avance auprès d'un grand prince, traite avec lui, s'engage sur la réussite avant l'entreprise, et qui fixe la récompense avant le service. Il se fait déclarer amiral des mers que l'on croyait impraticables, vice-roi d'un pays que l'on regardait comme chimérique, et en un mot, il n'existe point de particulier au monde qui ait demandé, reçu et mérité de plus grands éloges.

Il commença par s'offrir à sa patrie; il lui devait cette préférence; il aurait tiré du néant et égalé aux rois ces faibles républicains, il en fut rejeté, et Gênes ne tarda pas à se repentir de son incrédulité et de son aveuglement.

Au bruit de cette étonnante découverte, Alexandre VI, aussi connu par ses crimes que par le despotisme qu'il exerçait sur tous les états catholiques, gratifia Ferdinand, dont il était né sujet, de toute l'Amérique que l'on ne connaissait pas, et qui n'est pas même encore connue, aux conditions d'y prêcher l'évangile. L'espagnol reçut avidement la plus étrange libéralité qui fût jamais, et à l'abri de cette investiture chimérique, il crut pouvoir ajouter, sans remords, aux titres qu'il avait déjà, celui de monarque des Indes, dont il fut l'usurpateur et le tyran.

L'or, l'argent et les diamans qui abondaient
dans ces contrées, tracèrent bientôt une vaste
route sur les mers ; on mit le comble aux recherches et aux crimes, les îles furent envahies, les
Caciques mis à mort, leurs sujets succombèrent
sous le poids des fers et de la misère, et des nations
entières disparurent.

Ce pays ne cessa plus d'être jonché des corps de
ses habitans, l'Océan de transporter ses dépouilles,
l'impunité d'accompagner les forfaits, et l'Amérique de n'opposer à la dévastation et au pillage
que la consternation et le silence.

L'évangile du dieu de la paix et de la clémence
fut prêché au milieu des flots de sang, et l'on mas-
sacrait sans distinction au lieu de faire des prosé-
lites. C'est ainsi que Ferdinand se frustra des
droits prétendus qu'il tenait de Rome par l'abus
qu'il en fit.

Charles-Quint, son successeur, qui joignit à la
couronne d'Espagne, la pourpre des Césars, voyait
flotter la bannière de Castille d'un pôle à l'autre,
tandis que l'aigle prenait un vol audacieux dans
ses mains, et contenait l'Europe dans la frayeur
et le respect. Il étendit ses conquêtes dans l'intérieur de l'Amérique : le Mexique, le Pérou, empires florissans, devinrent la proie d'un ravisseur
insatiable. Montezuma, à qui le choix légitime des
électeurs avait ceint le diadême ; Ataliba, qui

ne devait qu'à sa naissance la frange des Incas, se virent enchaînés dans leurs propres palais, et donnés en garde à d'insolens satellites. Le premier finit ses jours par les mains de ses sujets, indignés de sa faiblesse; et le second, par celles des Espagnols, dans l'ignominie et les supplices.

Henri VIII était maître de l'Angleterre.

La situation de ses états le provoquait à en chercher de nouveaux dans les Indes; il commença par être juste, mais *le Défenseur de la foi* changea tout-à-coup; il ne s'occupa plus que de ses amours et de ses divorces, il tira le glaive sur ses sujets, ensevelit leur culte sous les débris des églises, éleva des temples, et se déclara ennemi de la thiare, parce qu'elle l'était de son incontinence.

François premier avait succédé à Louis, et régnait en France; contemporain de Charles-Quint, il fut digne d'être son rival à l'empire, et la balance resta long-temps sans pencher; mais Charles, en faveur de qui les voix se réunirent, ne put jamais aimer son concurrent, et François était trop magnanime pour n'être pas irrité de la préférence; ils se firent une guerre cruelle, et transmirent à leurs héritiers cette haine dont les suites sont trop connues, et qui causa un embrasement qui ne s'éteignit que dans le sang des peuples.

Jean, assis sur le trône de Portugal, ne tournait les yeux que vers les climats où se trouve

l'ivoire et naît la canelle; et le commerce des épi-
ceries fixait toute l'attention de Lisbonne.

Les autres souverains, éblouis de la puissance
de Charles-Quint, n'avaient pas assez de forces
pour oser s'associer à ses découvertes.

Il est vrai que du vivant de Charles même,
Cabral découvrit le Brésil, et Cartier le fleuve
Saint-Laurent, avec le pays qu'il arrose.

Le Portugais, qui ignora long-temps la valeur
du Brésil, n'y fit d'abord que de médiocres établissemens; et le Français, qui ne trouva que des
montagnes couvertes de neiges et des nations
pauvres et guerrières, fit peu d'attention à sa découverte, qu'on ne daigna pas même alors envier.

Cependant, par une de ces inconséquences
inouies de l'esprit humain, Charles-Quint fit un
retour sur lui-même, voit le néant de son ambition, est effrayé de ses remords, et cède, avec
précipitation, l'Empire à Ferdinand, son frère, et
ses royaumes furent le partage de son fils Philippe.

Philippe fut aussi politique que Charles, plus
dur, moins grand, moins heureux; si lâche, qu'il
souffrit qu'un tribunal de prêtres osât flétrir la
mémoire de son père; si dénaturé, qu'il fit périr,
sur un simple soupçon, sa femme et son fils:
Charles avait mérité d'être craint, Philippe n'eut
que de la haine; il se vit privé de l'Empire par la
concurrence de son oncle; celui d'Angleterre lui

tomba des mains par la mort de son épouse, et quelques-uns de ses peuples, qu'il traitait en esclaves, lui échappèrent par sa faute.

Le Batave, ignoré jusqu'alors, se fait un nom, prend les armes, allume le feu de la révolte au milieu de ses marais, et proteste qu'il ne veut l'éteindre qu'en obtenant sa liberté.

Cette démarche servit de signal à plusieurs princes; ils revinrent de l'illusion où ils étaient, équipèrent des flottes, les envoyèrent dans l'Amérique, et s'y firent des établissemens.

Marie, épouse de Philippe, avait laissé l'héritage de la Grande-Bretagne à Elisabeth, sa sœur; celle-ci détesta l'ambition de son beau-frère, peut-être parce qu'elle fut plus ambitieuse que lui; elle entra dans la lice de la gloire, et dévança bien des rois; ses sujets, trop resserrés en Angleterre, et qu'elle anima à prendre l'essor, coururent s'emparer d'une vaste contrée qu'ils appelèrent *Nouvelle-Angleterre*; une autre fut nommée *Virginie*. Les succès de ces insulaires semblaient dès-lors attachés à leurs entreprises. Philippe, qui leur avait donné des lois, devint furieux; il fit des préparatifs incroyables pour les exterminer; ses coffres furent épuisés, et ses efforts n'aboutirent qu'à embarrasser la mer par des naufrages, infester les côtes, enhardir ses ennemis, et abaisser son orgueil.

Enfin, la gloire et le bonheur de la France vint avec les Bourbons ; Henri II et ses trois fils, triste postérité de François premier, avaient monté rapidement sur le trône, et en étaient descendus de même. François II, le premier de ses enfans, vit à peine un intervalle entre son inauguration et le cercueil ; le second, versa à grands flots le sang de ses sujets, et mourut noyé dans le sien ; le troisième expia ses faiblesses et ses irrésolutions par le couteau d'un vil parricide ; et ces règnes ne furent marqués que par des guerres, des conjurations, des massacres et des assassinats.

Tout était désespéré quand Henri le-Grand parvint à la couronne ; sa valeur le fit craindre autant que sa clémence le fit adorer. Il abattit la tête de la ligue, il obligea l'Espagne à mettre fin à ses lâches intrigues : tout devint calme au dedans. On se souvint du Canada, on y envoya des colons ; ils y trouvèrent une nouvelle patrie.

L'Espagnol avait négligé les Antilles, parce qu'elles manquaient d'or ; elles subirent de plus douces lois. Les Français s'emparèrent de la Martinique, de la Guadeloupe, de Sainte-Lucie, de la Grenade ; ils y trouvèrent des Indiens qui ne devaient le bien d'exister et d'être libres qu'à leur indigence ; ils se mêlent, avec joie, parmi des Européens bienfesans, et se désabusèrent de l'opinion reçue chez eux, que l'Orient ne vomissait que des monstres, ennemis de leur espèce et fléau de l'humanité.

Une poignée de Français se cantonna dans la partie occidentale de l'Espagnola, qui était déserte : on les connut sous le nom de *Flibustiers*, gens infatigables, sans solde, sans aveu, et qui, seuls, se soutinrent long-temps en dépit de Saint-Domingue, cette superbe métropole des Indes. La France jeta enfin un œil de complaisance sur ces généreux aventuriers, leur envoya des chefs et des secours, et leur fut redevable de la plus florissante de ses colonies.

La France étendit ses conquêtes jusques sous l'équateur, et prit possession de Cayenne, où le sucre, le café, l'indigo, le cacao et le tabac enrichissent le cultivateur.

Il fut statué alors que les acquisitions dans l'Amérique seraient valables lorsque l'on découvrirait des terres et qu'on les habiterait.

Si, à ce titre, on en ajoute encore un bien plus incontestable, qui s'acquiert par le consentement des peuples habitans des pays où l'on veut s'établir, on va juger lequel des deux capitaines, l'un Français et l'autre Espagnol, qui s'introduisirent successivement dans la Louisiane, a dû laisser à sa patrie des droits mieux fondés.

Fernand Soto fut un des guerriers qui servirent sous Pizarro, ce conquérant ou plutôt ce destructeur du Pérou, qu'il remplit de sang, où le sien fut versé trop tard, et où il est douloureux, pour l'humanité, qu'il ait trouvé des vengeurs.

Soto, riche du butin immense qu'il fit au sac de Cusco, pouvait vivre heureux si son avidité ne lui eût tendu un piège. Peu content des biens immenses qu'il possédait, il voulut en chercher de nouveau; et, au lieu de ceux dont il se flattait, il ne trouva que la perte de ce qu'il avait, la mort et celle de presque tous ceux qui s'attachèrent à sa fortune.

Soto débarqua avec quinze cents hommes sur la peninsule de la Floride; il fut attaqué par les sauvages dès qu'ils l'aperçurent; il employa près de trois années, moins à visiter qu'à fuir; et, après avoir fait une route aussi vague que l'objet qu'il avait en vue, il vint dans les pays méridionaux du Mississipi, où il mourut accablé de fatigues et de chagrins.

On voit ici l'exemple du pouvoir qu'avait l'avarice sur ces guerriers mercenaires, et combien ils furent mols et languissans quand leur espoir fut déçu. Ils renversèrent des empires avec des forces bien inférieures à celles de Soto, et la vue de l'or facilita les miracles. Soto, engagé dans des déserts, où il n'aperçut que des hommes nuds et indigens, combattit d'abord avec fureur, et succomba ensuite avec lâcheté : celui qui avait enchaîné un

Incas, trembla, à son tour, devant des sauvages sans police, sans discipline et presque sans armes : l'aspect de leur pauvreté glaça son courage et causa son découragement.

O vous ! qui êtes destiné à fonder un jour de nouveaux établissemens, ne perdez jamais de vue les engagemens que vous contractez avec l'humanité au moment de votre départ ; vous devez l'exemple des vertus qui doivent être la base de votre gouvernement ; fidèle ministre de votre roi, opposez-vous aux abus avec fermeté ; réprimez, avec douceur, ceux qui seront établis, et, conciliateur heureux du peuple qui vous est confié, devenez son défenseur et son père.

Soto, sentant sa fin approcher, remit le commandement du reste de son détachement à Mocoso, en lut fesant jurer de jeter, après sa mort, son corps dans le fleuve, pour empêcher que les sauvages n'exerçassent sur son cadavre les outrages qu'il avait mérités par ses cruautés. Mocoso s'acquitta de ce devoir ; et, ayant construit des barques, il s'abandonna au cours du fleuve du Mississipi, et fut montrer à la Nouvelle-Espagne les débris et la honte d'une armée qui avait promis des conquêtes.

On travaillait pour lors, avec le plus grand succès, aux fameuses mines des Sacataras, et le récit de Mocoso sur ses aventures, ses peines et

la misère des hommes qu'il avait vus, était trop
sincère pour que personne abandonnât le pays florissant où il se trouvait et allât s'enfoncer dans
des forêts qui promettaient plus de danger que de
profit.

Les Espagnols y pensaient si peu, qu'un siècle
et demi s'écoula sans la moindre tentative de leur
part pour y porter leur domination, et ils seraient
encore à présent renfermés de l'autre côté de la
rivière du Nord, leurs anciennes limites, si les
Français ne se fussent placés en-deçà, ou si, après
s'y être établis, ils avaient cherché à s'y étendre
et à s'y maintenir.

A cette époque, M. de Frontenac avait déjà
affermi le Canada; un des plus beaux fleuves du
monde donnait une retraite commode et assurée
aux vaisseaux; un pays désert, enfin, était devenu, par ses soins, la retraite paisible de plusieurs milliers de citoyens, et la terre, cultivée par
leurs soins, fournissait abondamment à leur nourriture, et méritait déjà le nom de Nouvelle-France.

Les canots sans cesse occupés aux transports
du castor et autres fourures précieuses dont la
nature, sage dispensatrice de ses bienfaits, payait
la persévérance des colons septentrionaux, vo-
guaient sur les lacs où le fleuve Saint-Laurent
prend naissance, et l'on ne tarda pas à s'apercevoir que la pente de ses lacs, dans les côtés oppo-

sés, formaient également des rivières qui, tombant dans le Mississipi, conduisirent à la province connue sous le nom de Louisiane.

Cette importante découverte était réservée à Robert de la Sale, natif de Rouen, officier de résolution, dont le génie s'irritait par les obstacles, et qui n'avait pour objet que la gloire.

Il partit, en 1682, de Québec par la route que j'ai indiquée, se rendit chez les Illinois, qui en sont éloignés de cinq cents lieues, y construisit un fort avec leur consentement, détacha un petit nombre des siens qui remonta le Mississipi presqu'à une pareille distance, et descendit lui-même ce fleuve, qui le guida au golfe du Mexique.

Pendant ce trajet, il fut regardé, par toutes les nations qu'il rencontra, comme un homme descendu du ciel. Les mêmes sauvages, dont les ancêtres s'étaient déclarés les ennemis irréconciliables de Soto, abandonnèrent leur férocité à la vue de la Sale, qui, par ses manières, avait su les captiver dès le premier abord; ils volaient à sa rencontre, recevaient ses caresses, et ils ne lui permirent de continuer son chemin que lorsqu'il eut laissé chez eux quelques-uns de ses compagnons, comme un gage de son retour.

Ce fut pour souscrire à leurs instances, qu'il bâtit un magasin dans le village des Akancas, sauvages qui, malgré l'exemple de leurs semblables, ne se sont jamais démentis de l'affection qu'il leur inspira pour le Français ; il en bâtit un second sur les terres des Chicachas , appelé *Prudhomme,* trop fameux depuis par le concours des armées françaises qui signalèrent ce lieu fatal par leurs défaites et leur déshonneur.

La Sale, après un début si favorable, retourna à la Nouvelle-France , sans avoir consommé plus d'une année dans son voyage. Frontenac , sincère admirateur du mérite d'autrui, le pressa de s'embarquer pour la France, et appuya, de son témoignage , le récit qu'il allait y faire de ses aventures et de ses succès.

M. de Seignelay , un des ministres infatigables que les lumières de Louis-le-Grand avaient choisi, était pour lors à la tête de la marine ; il accueillit la Sale, qui présentait un projet utile à l'agrandissement de la monarchie, lui donna une commission de gouverneur, des vaisseaux , des soldats, des familles, des ouvriers , les ustensiles et les vivres nécessaires ; il lui promit un renfort considérable quand il aurait vaqué à ses premiers arrangemens. Mais le commencement de ses prospérités en fut le terme, et il n'essuya plus que des revers.

Il n'aspirait qu'à entrer dans le Mississipi, peut-être n'avait-il pas une connaissance assez exacte de l'embouchure du fleuve, ou peut-être fut-il emporté au-delà par la rapidité des courans , qui se jouent des plus habiles navigateurs. Il manqua le fleuve, et ne le revit jamais : une baie qu'il aperçut, cent lieues plus au couchant, lui parut être l'objet de sa recherche; la côte qui, dans ses passages, court est et ouest, put le tromper par le rapport de la latitude ; enfin, il indiquait la route, et les marins qui étaient dans l'obligation de manœuvrer, suivant ses désirs, gardèrent le silence, et le laissèrent aborder où il voulut.

Cette baie, à laquelle il donna le nom de baie *Saint-Louis*, forme une rade, devant laquelle sont répandues des îles qui la garantissent de la violence des vents; mais elle ne donne accès qu'à de petits navires, ce qui fut cause que les plus gros des siens se tinrent au large, et y mouillèrent. Les terres consistent en de belles prairies, partagées par cinq rivières, et l'aspect d'un pays si charmant lui donna quelques consolations dans son erreur.

La Sale n'ouvrit les yeux sur sa position qu'après avoir fait débarquer la plus grande partie de ses effets et tout son monde. Il se proposait de se rembarquer lorsque ses gens seraient suffisamment remis des fatigues de la mer ; mais Beaujeu, commandant des vaisseaux, lui signifia qu'il se préparait à faire voile pour la France.

La Sale fut frappé, comme d'un coup de foudre, de cette nouvelle ; il employa ses prières pour obtenir un délai : Beaujeu fut inflexible, dit que sa mission était remplie, protesta que ses vaisseaux, faute de ports, étaient en danger, et appareilla; il vint annoncer au ministre l'état où il laissait la colonie, la méprise de son chef, et le mauvais augure qu'il en tirait, qui ne fut que trop confirmé par l'événement.

La mésintelligence qui régnait entre ces deux officiers fut cause de tous ces désastres. Beaujeu ne voyait pas sans envie les grâces dont la Sale était comblé par la cour; la Sale, pour se venger de Beaujeu, le regardait comme une machine qui le conduisait à son élévation : l'un n'était pas disposé à donner des conseils, l'autre à en recevoir; et ce fut, sans contredit, la principale cause qui fit échouer cette expédition.

Qu'il me soit permis de gémir un moment sur le malheur trop ordinaire de voir des gens que le bien du service doit réunir, sacrifier tout à la jalousie qui les dévore, et s'en occuper entièrement aux dépens de la gloire et des intérêts du prince qui les a honorés de son choix.

Il ne restait plus qu'une frégate à la Sale; il l'envoya visiter la côte, elle fit naufrage; à cet accident se joignit la contagion, et plus d'un tiers de son monde périt à ses yeux. La Sale ne perdait pas courage, il assistait les malades, et le fruit de ses soins fut le rétablissement de la santé. Il travailla ensuite à des retranchemens, s'y logea, reconnut les naturels du pays, et ses espérances revinrent lorsqu'il vit que le hasard l'avait conduit aux plus riantes contrées de l'Amérique.

Rien n'était désespéré; il se mettait en marche pour aller chercher des secours dans ses établisse-mens sur le Mississipi, quand il fut massacré par une partie de ceux qui composaient son escorte.

Telle fut la fin tragique de la Sale, qui scella de son sang la propriété d'une grande province, que ses travaux assuraient à son souverain.

Ses lâches assassins ne furent pas long-temps sans subir la punition due à leurs forfaits; le par-tage des dépouilles fit élever entre ces traîtres une dispute dont les premières victimes furent Duhaut et Larchevêque, qui lui avaient porté les pre-miers coups; scélérats dont on ne se rappelle les noms que pour faire voir que les crimes ne restent pas toujours impunis dans les lieux mêmes où la licence paraît le plus autorisée.

Ce meurtre, qui fut bientôt su de la colonie, la plongea dans la consternation; elle resta sans res-source, sans appui et sans espérances; quelques-uns cherchèrent un asile chez les sauvages et en furent accueillis; d'autres se rendirent chez les Illinois avec des peines incroyables; le reste, arrêté par la maladie, ne tarda point d'être arraché des bras de la mort pour se voir livrés à des horreurs plus cruelles que la mort même.

L'expédition de la Sale n'avait point été ignorée
au Mexique, un corps de troupes s'assembla dans
le nouveau royaume de Léon, fondit à l'improviste
sur le fort Français ; et, sans éprouver de résis-
tance, chargea de fers des hommes exténués,
qu'il traina dans l'ignominie jusqu'aux mines ; là,
on leur assigna un travail qui n'est fait que pour
les esclaves ou les criminels : des gens libres et
respectables par leurs malheurs furent ensevelis
pour jamais dans des abymes souterrains ; nouveau
supplice inventé par l'avarice et la cruauté de leurs
maîtres.

En même-temps un vaisseau sortit de la Vera-
cruz, jeta l'ancre dans la baie Saint-Louis et s'y
chargea de l'artillerie et des munitions du roi ; ce
fut ainsi que pendant la paix l'espagnol se permettait tous les excès et le dégât qu'on ne se permet qu'avec douleur pendant le cours de la guerre.

Les massacres affreux que les Espagnols ont
fais à la découverte de l'Amérique, leur barbarie
vis-à-vis des cinq cents Français dont il se rendirent maîtres dans cette partie de la Floride,
qui conserve encore le nom de Caroline, et que
Menendès, digne instrument des fureurs de Philippe II, fit égorger de sang-froid, après leur
avoir juré de les renvoyer dans leur patrie ; atrocité qui fut si bien vengée par Dominique de
Gourgues, gentilhomme gascon. Leur conduite à

la baie Saint-Louis, dont j'ai parlé ci-dessus, et les proscriptions affreuses qui ont ensanglanté la Louisiane, lorsque le cruel Orelly vint, en 1764, en prendre possession au nom du roi d'Espagne. Ces meurtres amènent à des réflexions funestes sur le génie d'une nation qui ne sait point pardonner, et dont tous les établissemens ont été cimentés par des massacres.

Menendès n'avait été à la Floride que pour détruire. Les possessions en furent abandonnées, et plus d'un siècle après, Charles II, roi d'Angleterre, s'en empara sans contestation et sans même changer son nom, et la Caroline anglaise est la même dont nous avons été en possession.

La baie Saint-Louis fut également négligée, tant il est vrai que les échecs attachés aux premières opérations causent le dégoût, et l'amour-propre, offensé des obstacles, voit de l'impossibilité où il ne faut que de la constance; et je ne puis dissimuler que la nation française, si faite pour faire adopter ses lois par la douceur de ses principes, est peut-être aussi celle qui connaît le moins l'économie qu'il faut apporter dans les nouveaux établissemens.

Dix années s'écoulèrent sans qu'on semblât se souvenir qu'il y eût une Louisiane; Diberville la tira de l'oubli, en s'offrant pour son second fondateur; on ne lui refusa rien de ce qui pouvait être utile à ses desseins, et personne n'était plus propre que lui à faire fleurir la province qu'on lui confiait ; mais il ne vécut pas assez pour remplir les idées que l'on avait, à justes titres, de son expérience et de son courage.

Cependant, l'armement que l'on fit à ce sujet traîna tellement, que les Espagnols, qui en eurent avis, pour traverser le projet de la France, vinrent s'emparer du port de Pensacole, hâvre magnifique, et qui ne convenait qu'à la France.

Diberville, en arrivant, vit avec chagrin qu'on l'avait prévenu ; il se plaça sur une île sablonneuse, qui n'en est éloignée que de quatorze lieues, qu'il nomma l'*île Dauphine*. Peu de jours après, il envoya reconnaître la terre ferme, dont il n'était séparé que par un canal assez étroit, et cette démarche lui valut ce qui avait échappé à son prédécesseur.

Bienville, son frère, qu'il chargea de cette expédition, passa successivement dans le lac Pontchartrain et de Maurepas, et de ce dernier dans la petite rivière de Manchac, qui le conduisit dans un grand fleuve sur les bords duquel habitaient les Babayoulas, petite nation composée d'environ huit cents guerriers ; il y fut reçu comme ami ; on lui fit voir une cotte d'émail, qui, probablement, avait appartenue à Soto ; mais ce qu'il trouva de plus intéressant, fut une lettre de Tonti, un des compagnons de la Sale, qui lui écrivait en allant à sa découverte, et qui lui confirma qu'il était au Mississipi.

Flatté d'un bonheur si peu attendu, il résolut de pousser jusqu'à la mer, et ce fut, sans contredit, le salut de la colonie. Au détour à l'Anglais, il y rencontra une frégate de cette nation qui cherchait aussi un établissement. Bienville lui persuada qu'il n'était que l'avant-garde d'un nombreux détachement, et l'Anglais, qui crut les forces de Bienville supérieures aux siennes, prit son parti et abandonna son entreprise.

Diberville ne fut pas plutôt informé de ces circonstances, qu'il se disposa à aller rendre compte à la cour de sa mission; mais ce ne fut qu'après s'être bien assuré de l'embouchure du fleuve, y avoir construit un fort sur l'une des pointes de l'entrée, où il laissa Bienville commander pendant son absence.

Le golfe du Mexique, partie de la mer du nord, qui, sous une figure presque ovale, s'avance le plus à l'ouest, a son ouverture marquée par les péninsules Dyncatin et de la Floride. L'île de Cuba, dont la pointe occidentale vient se placer entre leurs extrémités, forme deux canaux, dont l'un est pratiqué par les vaisseaux qui arrivent, et l'autre par ceux qui retournent en Europe. Le tropique du Cancer partage le golfe en méridional, où se trouvent les provinces du Mexique, dont il porte le nom, et en septentrional, ou le Mississipi, se décharge par les vingt-neuvièmes degrés de lattitude.

Les terres qui sont à l'entrée de ce fleuve sont si basses, qu'on les distingue difficilement; cette entrée est traversée par une barre qui change de place, se hausse et s'affaisse si souvent, qu'il faut être continuellement en garde contre son mouvement; raison qui ne permet aux vaisseaux, même de moyenne grandeur, de tenter ce passage qu'avec d'extrêmes précautions, et après s'être déchargés d'une grande quantité de leurs effets.

Le poste de la Balise, sagement placé sur une île où il peut observer ce qui se passe au-dehors, fait des signaux, envoye des pilotes, et fournit tout ce qui est nécessaire pour arriver et sortir heureusement.

Outre cette principale entrée, le fleuve se divise en deux bras totalement négligés, et qu'on rencontre à soixante lieues de son embouchure, ils se trouvent presque vis-à-vis l'un de l'autre; le premier, sous le nom de *Rivière des Chetimachas*, va, par le couchant, se jeter dans la baie de l'Ascension; le second est le *Manohac*, connu par la route de Bienville, dont j'ai parlé ci-dessus.

Il est très-probable que ces deux rivières désignent l'ancienne embouchure du Mississipi, et

que les terrains marécageux qui se trouvent entre
ces deux rivières et le grand canal du fleuve, n'ont
été formés que par les attérissemens qui se sont
faits par successions de temps, causés par l'immensité d'arbres que le fleuve entraîne, qui auront été
cimentés par le limon; cette opinion est d'autant
plus fondée, qu'il est très-commun, en creusant
dans ces terrains, de trouver des arbres entiers
couchés horisontalement. Il est également très-
probable que les îles, dont l'entrée du fleuve est
couverte, ont la même origine, ce qui est encore
confirmé par les agrandissemens continuels.

Celles d'ouest, qui n'ont pas de noms particuliers, sont remarquables, parce qu'entr'elles et la
pleine mer il règne un banc de sable fort dangereux, qui ne souffre pas que les vaisseaux en ap-
prochent, et entre le continent et elles, un canal
praticable pour les chaloupes.

Les plus considérables de ces îles remplissent
l'espace qui est depuis la baie de l'Ascension,
dont j'ai indiqué l'accès par le fleuve, jusqu'à la
baie de Saint-Louis, et les Espagnols qui les
évitent leur ont donné le nom d'*Iles-Infortunées*.

Celles de l'est, à l'exception de quelques-unes
dont nous tirions parti pour y élever des troupeaux,
sont de véritables écueils et trop renommés par
de fréquens naufrages; les anciens navigateurs les
avaient toujours évitées, et Diberville, plus hardi,

hasarda de les reconnaître et y trouva des canaux aboutissans au Mississipi , jusqu'alors ignorés , à cause des dangers qui se trouvent à son embouchure.

Le fleuve Saint-Louis , ou le Mississipi , traverse la Louisiane du nord au sud , et la divise en orientale et occidentale. La partie orientale est très-bornée , à l'embouchure du fleuve , par Pensacole, poste espagnol , mais elle s'élargit à proportion qu'elle s'éloigne de la mer ; en sorte qu'après avoir cotoyé les montagnes Apalaches , elle s'étend au nord-est et s'unit au Canada.

La partie occidentale est également bornée, à l'embouchure du fleuve , par Saint-Augustin , qui est également un établissement espagnol ; elle s'élargit aussi en s'éloignant de la mer ; et , après avoir cotoyé les montagnes du Nouveau-Mexique, laissant les établissemens espagnols à sa gauche, elle embrasse un pays immense , qui confine à une région inconnue , habitée par des peuples dont on vante les richesses et l'industrie.

L'on peut donc considérer nos anciennes possessions dans l'Amérique septentrionale sous l'aspect d'une figure à trois angles , dont les sommets sont baignés , l'un par le golfe du Mexique , l'autre par celui de Saint-Laurent , et le troisième par ce pays dont on vante les merveilles , et qu'il est humiliant à la Nation française , avec les facilités qu'elle en avait , de n'avoir pu vérifier.

Des trois côtés qui renferment la surface,
coulent une infinité de rivières qui, pour la plupart, se joignent, par une pente commune, dans
le Mississipi ; elles fertilisent les pays qu'elles
arrosent, et qui abondent en bois de construction,
en terres propres aux cultures et en gibier de
toutes espèces. Il ne s'agit que de ménager les
peuples qui habitent ces contrées pour en faire
des sujets et des colons industrieux ; on peut en
conclure que tous les ports qu'on pourrait y établir ne pourraient que fleurir, tant par les ressources qu'ils y trouveraient, que par leurs con-
nexités.

Si l'on examine encore que depuis la Balise on
parcourt onze degrés nord pour se rendre chez les
Illinois, de là, cinq autres pour arriver chez les
Scioux, ce qui ne comprend que les découvertes
de la Sale, on peut juger de leur étendue et de
leur température.

L'on n'y ressent jamais les chaleurs immodérées
qui accablent les habitans des tropiques, ni les
froids excessifs qu'éprouvent ceux du nord. Le
soleil y répand avec plus de ménagement qu'ailleurs ses douces influences ; un ciel presque toujours serein, des rosées, sources de fécondité pour
la terre, n'assujettissent pas les habitans à se tenir
en garde contre leurs malignités ; l'on n'y est point
effrayé par ces tremblemens de terre et les oura-

gans qui désolent nos îles de l'Amérique ; ces épidémies destructives n'y sont point connues, et les fortunés habitans de ce pays délicieux y atteignent la caducité sans y être amenés par ces degrés d'affaiblissement qui rendent l'existence plus cruelle que la mort même.

Voilà le pays qui attirait les soins Diberville et qui les méritait ; on lui fournit des secours qu'il conduisit avec le bonheur qui accompagnait sa vigilance ; il se préparait à un troisième voyage lorsqu'il mourut, après avoir rempli une carrière glorieuse pour lui, mais trop limitée pour sa patrie.

Les troupes de la Louisiane consistaient alors en deux compagnies de troupes réglées, de cinquante hommes, et soixante Canadiens volontaires, entretenus par le roi. Leurs soldats, ainsi que les gages des ouvriers, se payaient en piastres que quelque commerce avec Pensacole avait procuré ; mais ces espèces ne suffisant pas : on donna cours à des billets, monnaie qui emprunte sa valeur de la confiance, qui la conserve par l'économie, et qui la perd par trop de profusion. Ces papiers se soutinrent quelque temps ; mais lorsqu'on les liquida, le public éprouva une perte de quatre-vingt mille livres, léger prélude de ce qu'il devait supporter dans la suite, et qui commença à inspirer du dégoût pour un pays où l'on venait d'essuyer ces dangereuses variations en finances.

Crozat, très-opulent pour un particulier, mais pas assez pour aspirer à un domaine dont on ne connaissait pas les bornes, osa en demander la concession, fit ses conditions, et l'obtint, par lettres-patentes, en 1712.

Crozat, accoutumé au commerce maritime, crut trouver des facilités en établissant une circulation avec les colonies espagnoles : indépendamment des frais que lui coûtèrent ses premiers envois à la Louisiane, il expédia un vaisseau richement chargé à la Véracruz ; mais les Espagnols, jaloux des projets que l'on paraissait avoir pour l'établissement d'une province qui les confinait, refusèrent de traiter avec lui, et renvoyèrent son vaisseau sans avoir permis de rien débarquer : sa cargaison valait un million, et comme on s'était flatté d'avoir de l'argent de sa vente pour payer les travaux de la Louisiane, cette ressource ayant manqué, on fut obligé de donner aux artisans, en déduction de leur paie, les marchandises de luxe que l'on avait exportées de France, pour tenter les Mexicains. Crozat, trompé dans ses idées, lutta encore avant de renoncer à son privilège, qui ne lui devint onéreux que parce qu'il ne connut pas d'abord ses véritables intérêts.

L'essentiel objet de celui qui forme une colonie

est de la pourvoir d'assez d'habitans pour s'indemniser promptement de ses avances, par un échange de leurs productions, pour les effets qu'ils en reçoivent. Crozat pécha doublement contre ce système, en ne fesant pas chez lui ce qu'il pouvait, et en voulant faire chez les autres ce qu'il ne pouvait pas.

Crozat céda son privilège à la compagnie d'Occident, plus puissante que lui, mais non moins avide : elle s'attacha à réparer les fautes de son prédécesseur, et en fit de plus grandes ; dans les temps qu'elle donnait quelques soins à la culture des terres, elle tenta de nouveau d'établir un commerce avec les Espagnols, avec la différence que Crozat n'agit que contre ses intérêts, et que la compagnie ruina les siens, ceux de la province et de l'état.

Saint-Denis, meilleur guerrier que négociateur, fut chargé d'aller faire des propositions dans l'intérieur de la Nouvelle-Espagne. Il se rendit, par le cours des rivières, chez les Natchitochés, établis dans le nord-est, et à deux cents lieues de l'Ile-Dauphine ; il y laissa ses canots chez ces sauvages, dont il était connu et aimé ; il fit chez eux emplette de chevaux, marcha au sud-ouest un espace égal à celui qu'il avait fait par eau, et tournant au sud ; quand il jugea s'être suffisamment élevé pour ne pas tomber dans le golfe, il entra chez les Espagnols. Il y fut arrêté, et son bagage fut mis en sequestre jusqu'à la décision du vice-roi, à qui l'on dépêcha un courier pour l'informer du voyage de cet étranger et de son dessein.

Le nouveau royaume de Léon, où Saint-Denis était arrivé, était médiocrement peuplé, mais cependant opulent par les richesses que la nature y rassemblait : il y trouva les plus beaux pâturages couverts d'une immensité de bestiaux en tout genre, des terres cultivées, des grains et des fruits de toute espèce.

Monterey en est la capitale; Caldeyreta, La-bradores, Saint-Antoine de Lianos, Linarès et Seralvo sont de petites villes de son ressort, ou-vertes comme elle et sans défense. Les habitans n'ont point de mines, mais leur heureuse industrie les fait refluer chez eux par les échanges.

Cette province est bornée au nord par la pro-vince de Coaguitas; à l'orient par la mer; au midi par le Mexique et ses dépendances, et à l'occident par la Nouvelle-Biscaye et Sacatecas. Les noms de ces pays là annoncent les richesses sur lesquelles la compagnie d'Occident fondait de superbes es-pérances; mais sur la nouvelle que reçut le vice-roi de l'arrivée de son député, il donna ordre de confisquer ses effets et de le mettre en prison. Saint-Denis n'obtint son élargissement que long-temps après; et le seul fruit que la compagnie put tirer de sa course fut d'en voir la frivolité.

Les Espagnols, qui s'aperçurent qu'il n'y avait pas d'intervalle qu'on ne pût franchir pour percer jusqu'à eux, consentirent à le relâcher pour se mettre sur ses traces, les observer, et établir des barrières qui empêchassent à l'avenir des démarches où leurs politiques voyaient plus d'une conséquence.

Charles II n'était plus : prince faible et valétudinaire, moins connu quand il fut roi, que quand il cessa de l'être, par le choix qu'il fit de son successeur et les guerres qui ensanglantèrent sa succession.

CHAPITRE XII.

Les Espagnols reprennent possession de la baie Saint-Louis ; ils bâtissent Santo-Fernando. La compagnie d'Occident favorise les usurpations des Espagnols , espérant établir un commerce avec eux ; elle s'aperçoit de son erreur. Expédition de la Harpe ; elle manque. Guerre avec l'Espagne; Pensacole est pris , rendu à la paix. La colonie devient florissante. Chappart se conduit mal chez les Natchés. Les Français y sont massacrés; les Natchés le sont à leur tour. On donne des concessions ; peu de précautions que l'on prend. Dépenses extraordinaires. Billets établis ; leur discrédit. Expédition contre les Chouacas. Les nègres les détruisent. Révolte des nègres ; elle est appaisée. Guerre des Chicachas. Guerre avec l'Angleterre. Alliance avec les Cheraguis , Alibamons et Chactas. La colonie redevient florissante. Paix générale. La Louisiane est cédée aux Espagnols. Ulloa vient en prendre possession sans titre ; on le renvoie. Orelly est envoyé avec les ordres de sa cour ; il fait arrêter les principaux français ; il les condamne à la mort.

LOUIS XIV, à force de victoire, avait forcé l'Europe à reconnaître la validité du testament de

Charles II ; et Philippe, duc d'Anjou, son petit-fils , venait de monter sur le trône d'Espagne. Les Espagnols, fiers du lien sacré qui unissait les Bourbons, ne perdirent point de vue les avantages qu'ils pouvaient en tirer à l'Amérique, et s'en firent un rempart pour avancer dans l'ouest de la Louisiane. Ils se souvinrent de la baie Saint-Louis et du fort français de ce nom ; ils s'y transportèrent, et s'établirent sur les ruines qu'ils avaient faites autrefois, et y arborèrent le pavillon d'Espagne. Ils attirèrent quelques sauvages dans leur parti, et formèrent un bourg qui fut exposé bientôt aux incursions d'autres naturels moins pacifiques, et fut obligé de se reculer dans le nord, où il se maintient aujourd'hui à vingt-cinq lieues de la mer.

Ils firent venir en même temps des familles des Canaries ; et ces insulaires s'étant arrêtés à soixante lieues dans le nord-est de ce premier poste, ils y bâtirent une ville nommée *Santo-Fernando,* qui s'est rendue assez florissante ; elle est située sur les bords et à peu de distance des sources de la petite rivière Saint-Antoine, une de celles qui se jettent dans la baie Saint-Louis, et qui, à l'aide de quelques digues, reflue dans les terres pendant les temps de sécheresse, et y porte la fertilité.

Elle a des manufactures de toile de coton qui y croît, des plaines ombragées d'arbres fruitiers et couvertes de troupeaux; et ce serait une des colonies espagnoles les plus heureuses, si sa tranquillité n'était altérée par des nations belliqueuses, qui répandent sans cesse l'alarme aux environs.

Pendant qu'on jetait les fondemens de cette ville, une compagnie de cinquante maîtres, dirigeant sa marche dans le nord-est, se fixa chez les Acynais et Nabedakious, recommandables par leur union avec la Sale.

Ce poste en enfanta un nouveau; et deux moines, avec quelques soldats, se détachèrent pour cathéchiser les Andailles, séparés, par un intervalle de sept lieues, des Natchitochés, où un petit nombre de Français étaient domiciliés.

Les odieux moyens dont les Espagnols se sont toujours servis pour subjuguer les naturels des pays où ils formaient de nouveaux établissemens, tantôt en les massacrant, et tantôt en les détruisant l'un par l'autre, leur ont fait des ennemis irréconciliables des sauvages qui, riches de leur seule liberté, ont osé leur résister. La loi naturelle dicte la franchise; le sauvage fût devenu un sujet fidèle en l'employant avec lui; mais dès qu'il vit qu'on voulait l'asservir, il gravit ses rochers, et jura la destruction des usurpateurs. Les missionnaires qui furent envoyés chez eux ne firent aucuns prosélytes; ils ne purent croire que le dieu de la paix et de la miséricorde fût celui des Espagnols, et abhorrant un culte adopté par leurs ennemis, ils se réfugièrent sur la cîme des montagnes, après avoir exercé, dans la plaine, des hostilités qui ont mis plus d'une fois les Espagnols dans le cas d'abandonner leurs meilleurs établissemens.

Telle est à-peu-près leur position avec les Nacogdozés, les Aiches et les Andailles, qui habitent les Nouvelles-Philippines ; car c'est ainsi qu'ils nommèrent le vaste terrain qu'ils envahissaient sur la Louisiane, autant pour honorer Philippe de France, leur monarque, que pour détourner les Français de s'opposer à leurs usurpations, qu'ils appuyaient d'un nom qui leur était aussi cher.

Par un aveuglement dont il n'y aura jamais d'exemple, la nouvelle compagnie d'Occident, qui avait l'œil sur les mouvemens des Espagnols, loin d'en prendre ombrage, et de protester contre leurs usurpations, imaginant que ce voisinage lui fournirait les moyens d'établir ce projet chimérique de commerce dont elle avait l'idée, crut devoir les aider de vivres pour leur subsistance, et de leur médiation pour lenr concilier les naturels du pays.

Les Espagnols ne tardèrent pas à lui faire apercevoir que leurs établissemens n'avaient pour but que de couvrir les contrées dont elle n'avait que trop fait voir qu'elle convoitait les richesses.

Ce fut ainsi que cette société de marchands, qui, bientôt après, aussi politique que guerrière, eut des armées à sa solde, couvrit la mer de ses flottes, et fit son négoce avec le faste des rois, eut à se reprocher d'avoir favorisé l'usurpateur sans profit pour elle, et, ce qui dut mettre le comble à son dépit, sans qu'il lui sût gré de sa complaisance, dont il avait pénétré les motifs.

Lorsque la compagnie fut convaincue qu'elle était dupe de sa politique, elle ouvrit les yeux, mais trop tard, sur l'ambition des Espagnols; elle envoya Laharpe avec un détachement pour reprendre possession de la baie Saint-Louis; mais celui-ci y trouva les Espagnols établis. Il ne tira d'autres fruits de sa campagne, que de perdre pour jamais la confiance des sauvages qu'il avait cherché à captiver. En arrivant à la baie Saint-Louis, il les somma de reconnaître son autorité d'une manière si impérieuse, que ceux-ci refusèrent toute voie d'accommodement ; il trouva le secret d'enlever dans ses vaisseaux quelques-uns des plus considérables, et il les transporta à l'Ile-Dauphine. Il croyait que la manière dont ils seraient traités finirait par les captiver; mais ces malheureux furent si négligés, que périssant de misère et d'ennuis, ils risquèrent tout, pour retourner dans leur pays, où ils firent le récit des peines qu'ils avaient éprouvées; ce qui confirma la haine que ces peuples avaient jurée à la nation.

Quoique la conduite de la compagnie paraisse

abhorrant un culte adopté par leurs ennemis, ils se réfugièrent sur la cîme des montagnes, après avoir exercé, dans la plaine, des hostilités qui ont mis plus d'une fois les Espagnols dans le cas d'abandonner leurs meilleurs établissemens.

Telle est à-peu-près leur position avec les Nacogdozés, les Aiches et les Andailles, qui habitent les Nouvelles-Philippines ; car c'est ainsi qu'ils nommèrent le vaste terrain qu'ils envahissaient sur la Louisiane, autant pour honorer Philippe de France, leur monarque, que pour détourner les Français de s'opposer à leurs usurpations, qu'ils appuyaient d'un nom qui leur était aussi cher.

Par un aveuglement dont il n'y aura jamais d'exemple, la nouvelle compagnie d'Occident, qui avait l'œil sur les mouvemens des Espagnols, loin d'en prendre ombrage, et de protester contre leurs usurpations, imaginant que ce voisinage lui fournirait les moyens d'établir ce projet chimérique de commerce dont elle avait l'idée, crut devoir les aider de vivres pour leur subsistance, et de leur médiation pour leur concilier les naturels du pays.

Les Espagnols ne tardèrent pas à lui faire apercevoir que leurs établissemens n'avaient pour but que de couvrir les contrées dont elle n'avait que trop fait voir qu'elle convoitait les richesses.

Ce fut ainsi que cette société de marchands, qui, bientôt après, aussi politique que guerrière,

Le vieux Biloxei fut renversé par le vent, le nouveau fut la proie des flammes, et le port de l'Ileaux-Vaisseaux et de l'Ile-Dauphine furent comblés par un furieux ouragan. Enfin, après vingt années d'irrésolution et de misère, on se souvint que l'on était à proximité du plus beau fleuve du monde, et la Nouvelle-Orléans fut le port, le chef-lieu et le magasin de toute la province.

La Mobile devint en même temps célèbre par ses goudrons, ses mines de fer, qu'on eût pu travailler avec succès, par ses bois de cèdre et par l'affluence de tous les peuples de l'est.

Le fort de Chartre, frontière du Canada, et la clef de tout le nord, fournissait du plomb, du sel, des farines, du castor et autres pelleteries. Les commencemens heureux donnaient quelques espérances, lorsque la mauvaise conduite d'un des chefs, choisi pour commander une des nations sauvages, détruisit tout par la dureté de son administration.

Déjà les Français, répandus chez les naturels, et adorés par eux, commençaient à sentir le prix des soins qu'ils se donnaient pour la culture. Ils avaient partagé les terres; les sauvages les aidaient à les mettre en valeur, et ils goûtaient les douceurs d'une hospitalité qui a peu d'exemple. Tant de bonté fut taxée de faiblesse; on crut devoir à la crainte les services que les sauvages nous rendaient pas affection, et l'on voulut traiter comme des esclaves ceux qui, maîtres chez eux, avaient bien voulu consentir à devenir nos égaux.

Chappart commandait chez les Natchés : ses violences lui attirèrent la haine de cette nation; sa présomption en facilita les effets, et sa lâcheté les souffrit sans défense.

Les sauvages massacrèrent tous les Français qui étaient chez eux, et après ce coup funeste, ils quittèrent leurs demeures. Au moment où ils se croyaient le plus en sureté, les Français les investirent, et ils furent forcés de se rendre à la discrétion d'un ennemi implacable : leur destruction était résolue, un vaisseau fut chargé des captifs : on les transporta à Saint-Domingue, où ces infortunés, condamnés à une éternelle servitude, confondus avec les nègres, plus sensibles à la honte qu'à la pesanteur de leurs fers, survécurent peu à leur transmigration.

Telle fut la fin des Natchés, peuple doux, bienfesant, et qui n'eût jamais démenti ce caractère, si on n'eût lassé sa patience par les plus mortelles injures : il eut la consolation, en périssant, de voir ses pareils donner un asile à ses débris, et toute leur aversion à ses tyrans.

La compagnie entretenait six cent cinquante soldats français et deux cents suisses pour la garde de cette province; un gouverneur, deux lieutenans de roi et trois majors pour le maintien de la discipline. Mais, suivant le système de presque toutes les compagnies, toute l'autorité résidait entre les mains des administrateurs et des commis; et le militaire, avili sans cesse par ces gens qui, ayant peu de gloire à acquérir, ne s'étaient expatriés que pour faire leurs fortunes, commençait à perdre de cette activité et du zèle qui lui avait fait rechercher un service aussi périlleux.

Si la compagnie n'avait point eu de prétentions outrées, et qu'elle se fut uniquement occupée de la culture des terres, ce pays serait peut-être un des plus florissant du monde. Plusieurs maisons de France avaient obtenu des concessions, et les fesaient valoir. MM. de Grammont, de Belle-Ile, d'Affeld, Leblanc, Law, et MM. Paris de Montmartel, ces heureux plébéiens qui remplirent, à force de mérite et de sentiment, le vide imaginaire de la naissance, tous concouraient à donner les plus belles espérances. Les familles arrivaient en foule de France et d'Allemagne, pour y venir chercher des domaines que l'injustice des lois leur refusait dans les lieux de leur naissance. Mais le peu de précaution que l'on avait prises pour pourvoir aux premiers besoins, firent que la plupart de ces malheureuses familles arrivèrent à la Louisiane, et furent obligées de débarquer sur les sables, sans pouvoir trouver de logement, ni aucuns des secours

nécessaires après une longue traversée. Ce début,
dans un pays sur lequel ils avaient fondé leur espérance, les accabla, et presque tous périssaient de
chagrin et de misères.

Les soldats, pendant un assez long espace de
temps, se payaient en piastres ou effets à juste
prix, et continuèrent à l'être jusqu'à ce que ceux
qui prirent des concessions, ayant déposé dans la
caisse de la compagnie de Paris des sommes que
leurs agens devaient répandre dans celle de la
Louisiane, il en résulta que celle-ci se trouva
épuisée par le remboursement de ces emprunts.
On eut recours à des billets, pour lesquels on fournissait des lettres-de-change sur France ; pour lors
la compagnie, dont les intentions étaient droites,
envoya du cuivre monnoyé, avec ordre de s'en
servir pour l'acquit de ses charges envers le public,
et de recevoir ce même cuivre du public en acquit
de son nécessaire, dont il ne pouvait se procurer
ailleurs que dans ses magasins. Cette alternative
fut si mal observée par les agens, que ceux qui se
présentaient avec ces espèces n'obtenaient que le
rebut de ceux qui en fesaient briller d'une autre
matière ; il en résulta que la plupart des colons,
accablés par cet indigne monopole, et désespé-
rés de ne pouvoir refuser un argent discrédité par
ceux-mêmes qui en perpétuaient la circulation,
ou languissaient dans le besoin de tout, ou aban-

donnaient une colonie impunément infestée de fausse monnaie.

La compagnie qui, pour lors, avait aussi tourné ses vues du côté des Indes, et qui s'était déjà signalée par ses conquêtes et ses alliances, et prévoyant que la Louisiane serait un gouffre où irait s'enfouir tous ses projets, renonça à cette possession, et remit au roi son privilège.

Ce fut après le massacre des Natchés que le roi s'empara de l'administration de la Louisiane; il trouva tout en feu dans ce pays. Les Chicachas avaient reçus quelques Natchés fugitifs; ils eurent assez de générosité pour ne vouloir pas les livrer aux Français qui les réclamaient. Ce refus les porta à leur déclarer la guerre avec un emportement si indiscret, que ceux-ci la firent long-temps avant que l'on fût en état de marcher contre eux.

L'Est était tout en feu; on n'entendait parler que de massacres, de meurtres, et l'exercice en devint si familier, que sur un simple soupçon on n'hésita pas à se défaire des Chouacas, indiens voisins de la capitale, et excusables par leurs services passés et leur foiblesse.

On chargea les nègres de cette expédition, afin de jeter entr'eux et les naturels les semences d'une haine qui les empêchât de concourir avec les troubles qui déchiraient la colonie. Ils remplirent ce projet avec une furie propre à des Africains.

et exterminèrent tout ce qui se présenta devant
eux, sans distinction d'âge ni de sexe. Mais ces
esclaves, que l'on enchaîna de nouveau quand on
crut avoir satisfait à une politique aussi criminelle,
sentirent mieux la pesanteur de leurs fers; et le
succès qu'avait eu la férocité dont on leur permit
l'essai, leur persuada que leur liberté était le prix
d'une nouvelle entreprise contre leurs maîtres;
mais Perier découvrit la conspiration la veille du
jour qu'ils devaient l'exécuter, et les chefs furent
saisis et punis.

Ce fut ainsi que le Français, maltraité au-dehors,
inquiet dans son intérieur, épuisé par ses pertes,
et dévoré de soupçons, ne pouvait pas même aspirer à la satisfaction d'être plaint dans ses infor-
tunes, parce qu'il en était l'artisan.

Incapable désormais de se soutenir par la force,
il eut recours aux intrigues, jeta la division parmi
les sauvages, et se ménagea, à prix d'argent, un
appui qui, tout honteux qu'il était, lui fut bientôt
envié.

Les anglais, attentifs à ces désordres, crurent
l'occasion favorable pour hâter la ruine d'un voisin
qui les avait alarmés; ils volèrent chez ses ennemis, s'annoncèrent pour leurs libérateurs; et, ré-
pandant tout-à-la-fois des présens, ils ébranlèrent
la fidélité des sauvages, qui n'était fondée que sur
l'intérêt.

On vit alors les Européens se donner en spectacle aux sauvages, se disputer leur alliance, la mettre à l'enchère, et cette conduite leur fit connaître combien ils étaient redoutés.

Les Cherakis, situés dans le voisinage de la Caroline, épièrent les Français dans leurs voyages, attaquèrent leurs convois, et remplirent d'embuscades la communication de ses postes.

Les Chactas, à portée des Français et des Anglais, les attaquaient indistinctement; ils apportaient successivement les têtes d'un parti à l'autre, et ils en recevaient également le prix des deux côtés.

Les Alibamons se déclarèrent neutres, et reçurent de gros tributs pour persévérer dans leur indifférence.

Si l'on veut observer avec un peu de réflexion la conduite que nous avons tenue à la Louisiane, sera-t-on surpris du peu de succès que nous avons eu. En considérant les sauvages attirés dans notre alliance par nos présens, et nous recevant avec plaisir au milieu de leurs habitations, aurait-il été difficile de nous les attacher, si nous avions agi avec eux avec la franchise et la droiture qu'ils méritaient? Nous leur avons donné l'exemple de la perfidie, et nous sommes doublement coupables des crimes qu'ils ont commis, et des vertus qu'ils n'ont point acquises.

O vous ! qui avez été les premiers administrateurs de cette infortunée colonie, écoutez les sauvages de différentes nations, qui vous disent :
« Tranquilles et légitimes possesseurs de nos fo-
» rêts, nous ne vîmes paraître deux peuples eu-
» ropéens que pour se disputer notre domaine,
» nous rendre témoins de leurs jalousies et de leurs
» querelles, nous inviter de prendre part à leurs
» débats, nous accabler de présens à cet effet,
» qui fixèrent moins nos services qu'ils ne cau-
» sèrent notre indécision ; ensuite nous attaquer
» par les menaces, et nos mains tremblantes, qui
» s'armèrent dans l'irrésolution, n'ont frappé
» l'un, que parce qu'elles ont été poussées par
» l'autre ; alors, nous attendions dans la douleur
» et l'effroi le ressentiment du blessé, mais il nous
» cria : Viens arracher ce fer de mes plaies, va
» le plonger tout sanglant dans celui de mon en-
» nemi, j'oublie la blessure que tu m'as faite si
» tu m'apportes sa tête : je ne te pardonne qu'à ce
» prix. C'est par ces degrés qu'on nous a conduits
» au comble des abominations dont on se plaint.
» Nous t'avons cru supérieur à nous, ton exemple
» nous eût rendus vertueux ; tu nous as apporté
» des besoins par ton commerce, avant toi le
» sauvage se suffisait à lui-même. Disparaissez à
» jamais ; rendez-nous à notre stupidité et à notre
» misère, mais aussi à notre innocence ».

La Louisiane était aux abois, et l'état d'avilis-
sement où l'on était vis-à-vis des sauvages, ôtait
toute espèce de possibilité de traiter avec eux ; on
crut nécessaire de faire un acte de rigueur, et l'on
décida l'attaque des Chicachas. Le rendez-vous
était marqué, les troupes du fort de Chastre devaient se joindre à celles de la Nouvelle-Orléans.
On fit des combinaisons si fausses, que les deux
détachemens furent battus en détail; et le résultat
d'une campagne, qui devait réhabiliter la nation,
la plongea dans l'état d'anéantissement le plus
complet.

La cour, informée de ce malheureux événement,
fit un effort pour rétablir la colonie expirante;
on envoya un bataillon de l'artillerie. Les Hurons
et les Iroquois s'étaient joints à nous, et l'on devait espérer une campagne brillante, lorsque la
désunion des chefs fit tourner en négociation
une campagne où il était nécessaire d'inspirer la
terreur.

Les Iroquois et les Hurons, indignés qu'on leur
eut fait descendre leurs rivières sans les employer,
et honteux de retourner dans leurs pays sans aucunes marques de victoires, se mirent sur les traces
des députés des Chicachas, et les massacrèrent :
ceux qui échappèrent furent raconter à leurs com-
patriotes la conclusion du traité et son infraction.

Les Chicachas, étonnés de cette perfidie, qu'ils

nous attribuèrent , recommencèrent leurs hostilités avec plus d'acharnement que jamais , et les troupes qui se rembarquèrent laissèrent la colonie dans la consternation.

Toutes ses démarches , aussi vaines que coûteuses , les achats de vivres , de chevaux , d'ustensiles , les troupes qu'il fallait soudoyer , épuisèrent la colonie du peu d'argent qu'elle avait , et l'on eut recours aux billets , qui se multiplièrent en proportion des abus et de la malversation des administrateurs.

Le colon fut si effrayé de sa fortune , dont il connaissait l'illégitimité , qu'il s'imposa de luimême la loi de perdre trois cinquièmes sur son papier , et il le négociait en conséquence. La cour profita de ce découragement , en ordonna la réduction , et paya à peu de frais ce qu'elle devait.

La guerre qui , pendant ces entrefaites , s'alluma entre la France et l'Angleterre , surprit la Louisiane sans soldats et sans fortifications. Les Tchactas, gagnés par les Anglais , poussèrent leurs courses jusqu'à la vue de la capitale. Une partie très-intéressante de la côte orientale du Mississipi fut abandonnée ; et au traité d'Aix-la-Chapelle , ceux qui eurent du bon sens , se hâtèrent de quitter un séjour où la liberté et la vie étaient exposées à de continuelles révolutions.

Pour remplir le vide causé par ces émigrations,

le ministère envoya des troupes et de nouveaux habitans; mais les familles, composées presque toutes de mendians ou gens sans aveu, traînant après eux la honte et la misère, se trouvèrent déplacés en devenant les membres d'une société. Elles restèrent peu sur les terres qu'on leur accorda, et cherchèrent à vivre d'une manière plus conforme à leur génie. Les hommes établissaient des tavernes, refuges scandaleux des soldats et des nègres; les femmes se prostituaient, et ces misérables ne donnaient point de relâche à la justice, sans cesse occupée à leur infliger des châtimens infructueux envers des gens qui ne craignaient point la perte de l'honneur.

Les troupes étaient presque toutes composées de déserteurs, qui, par une suite de leur inconstance, était rentrés en France à l'abri de l'amnistie qui avait été publiée, et qui, se trouvant expatriés, et sans espoir de quitter leurs nouveaux drapeaux, ne s'occupèrent que de complots, de vols et d'assassinats, et les habitans frémissaient à la vue de cette milice licencieuse.

On en était à des termes si funestes, lorsque la France, en 1756, reprit les armes pour se faire raison des pirateries de l'Angleterre. L'île Royale, le Canada, la Grenade, la Martinique et la Guadeloupe furent bientôt envahies : la Louisiane était menacée; dénuée de secours, elle paraissait livrée à l'esclavage, quand M. de Kerlerec, qui, pour lors, en était gouverneur, trouva les moyens de se soutenir en fesant alliance avec les Alibamons, les Cherakis et Tchactas, qui furent nos barrières contre les Anglais.

Il est aisé de juger des ressources que l'on eût pu tirer de ce pays avec une sage administration, puisque, dans ces circonstances, les colons se mirent à défricher de nouvelles terres, les récoltes furent abondantes, et il n'y eut presque point d'intervalle entre l'instant le plus désespéré de la colonie et celui où elle fut le plus à portée de sentir tous ses avantages.

Plusieurs bâtimens de la Nouvelle-Angleterre, sous le prétexte de venir traiter les échanges des prisonniers, fournissaient abondamment la colonie des choses qui manquaient et contribuaient à son aisance, en favorisant les exportations de ses denrées.

La Louisiane, éclairée par les fautes qu'elle avait commises dans les premiers temps de son établissement, sur ses ressources et ses moyens, commençait à concevoir les plus grandes espérances; elle se flattait de rendre un jour avec usure, à sa métropole, le prix de ses soins. L'on commençait à y compter autant de cultivateurs que d'habitans, lorsqu'un vaisseau vint apporter la consternation dans le cœur de tous les citoyens, et leur apprendre l'accablante nouvelle que le roi de France venait de céder cette province à l'Espagne.

Depuis quelque temps la colonie gémissait par les troubles occasionnés par la mésintelligence des administrateurs. Le commandant de la colonie, obligé à un acte de sévérité pour maintenir l'ordre, avait été mandé à la cour pour y rendre compte de sa gestion, où, malgré la justice de sa cause et l'évidence de sa conduite, ses ennemis, plus puissans, trouvèrent les moyens de le faire paraître coupable. Tous les esprits étaient partagés entre ces deux partis, et la nouvelle de l'abandon de la France arriva au moment de cette effervescence. Tous se réunirent pour regretter leur patrie; mais ce qui n'arrive que trop ordinairement, cet événement fit plus où moins d'impression, suivant les passions dont chacun étaient affecté. L'on espérait encore que cette nouvelle ne se confirmerait pas; mais on n'en douta plus à l'arrivée de M. d'Ulloa, officier général d'Esagne, qui vint en prendre possession au nom du roi son maître.

Par une circonstance singulière, cet officier n'était revêtu d'aucuns titres de sa cour pour entrer en possession de ce pays; il en avait simplement reçu l'ordre du gouverneur de la Havane, qui avait eu celui de dépêcher un officier en recevant la nouvelle de la cession de la France. M. d'Ulloa s'attacha à gagner le commandant français, ima--

ginant qu'il entraînerait le reste des suffrages;
mais cet officier, qui avait succédé à un chef que
toute la colonie regrettait, et qui n'avait été désigné que par son adversaire, n'avait lui-même que
le crédit que la subordination militaire exigeait;
et comme, dans cette circonstance, il fallait subjuguer les opinions, il en résulta des troubles, des
désobéissances aux ordres d'Ulloa; enfin, une
aliénation si grande pour lui, que les habitans,
étant informés qu'il n'avait aucune patente du roi
d'Espagne, s'assemblèrent, et le résultat de ce
comité fut une signification par écrit, signée des
principaux membres de la colonie, dans laquelle
on lui demandait à produire son titre qui lui donnait pouvoir de commander; qu'à l'instant qu'il
y aurait satisfait, toute la colonie rentrerait dans
le devoir; mais qu'à son défaut, on était décidé
à rejeter ses lois, qui tendaient à la destruction du
commerce et des fortunes des colons, et qu'il eût
à quitter, sous trois jours, la colonie. Ulloa, qui
jugea parfaitement le danger qu'il y aurait pour
lui de pousser à bout des esprits aussi animés, prit
son parti, et vint rendre compte de sa conduite en
Europe.

Il peignit les Français comme des révoltés que
l'on ne parviendrait pas à captiver par la douceur;
et la cour d'Espagne, qui avait à cœur la conclusion de son traité, choisit M. Orelly, inspecteur

général d'infanterie, pour aller à la Nouvelle-Orléans, muni des pouvoirs nécessaires, et carte blanche sur tous les moyens qu'il aurait à prendre.

M. Orelly, dont je vais décrire succintement les atrocités, est un de ces irlandais dont les ancêtres ont quitté leur patrie pour la cause du roi Jacques; il avait fait quelques campagnes avec MM. les maréchaux d'Estrées et de Broglio : quelques rapports avantageux de ces deux généraux, élevèrent sa fortune, et, plutôt par une suite de hasards que par son mérite personnel, il devint en peu de temps à la tête du militaire d'Espagne. M. de Grimaldi chercha à l'élever, parce que cet aventurier lui devant tout, était une créature de plus qu'il se fesait.

M. Orelly était à la Havane pour y faire l'inspection des troupes qui y avaient été envoyées lorsque le roi d'Espagne rentra en possession de cette place, que les Anglais avaient prise pendant la guerre. Dès qu'il eut reçu les ordres de sa cour, il partit avec trois régimens pour aller à la Louisiane : son arrivée y était déjà annoncée, et la légitimité de son titre avait ramené tous les esprits au devoir.

Orelly crut entrevoir, dans la mission dont il était chargé, l'occasion de paraître utile en rétablissant la paix de la colonie, par la douceur de ses ordres; on n'eût point, à ce qu'il crut, appré-

cié ses services; et, à l'instant de son départ, il
avait résolu de faire un coup d'éclat qui pût en
imposer, lui donner la réputation d'un homme de
tête; et il jugea parfaitement que des infortunés
que l'on rejetait du sein de la patrie, y trouveraient peu de vengeurs : ce fut dans ces principes
qu'il arriva à l'embouchure du fleuve de Mississipi.

Du moment que l'on sut son arrivée à la Nouvelle-Orléans, l'on députa M. de Lafrenière, procureur-général, pour aller le recevoir, et l'assurer
de la soumission de tous les habitans. Orelly le
reçut avec les plus grandes marques de bonté, lui
annonça les ordres du roi d'Espagne, essayant de
traiter tous les Français comme des sujets qu'il
désirait acquérir. Ces premiers momens rassurèrent
tous les esprits : le Français, naturellement emporté, se rend toujours à la justice, et ne passe
que trop rapidement de la colère la plus violente
à la confiance la plus dangereuse.

Orelli observait tout, marquait ses victimes,
et lui seul connaissait le moment où il devait faire
éclater ses proscriptions. Il avait commencé par
adopter les réglemens français, et ce début avait
entraîné la multitude. Lorsqu'il se crut assuré de
ces moyens, il hasarda de faire quelques changemens qui éprouvèrent, de la part de la justice,
des représentations positives. Orelli dissimula encore, pour être à portée de juger des impressions

que ferait sur chaque particulier le nouveau
systême qu'il voulait établir. Orelli jugea parfaitement que Lafrenière, par l'exactitude de ses
principes, serait toujours un obstacle invincible à
ses projets concussionnaires : il détermina le jour
de ses attentats ; ses ordres furent donnés de manière que rien ne transpirât, et lorsque tout fut
prêt, il manda chez lui les principaux habitans,
pour fixer avec eux, d'une manière irrévocable,
les réglemens qui, dorénavant, feraient la loi de la
colonie.

Douze Français furent choisis pour représenter
la Nation ; chacun d'eux y apportait le désir de
l'union et de la concorde, et la colonie attendait
en silence le résultat de cette délibération dé-
cisive.

Les députés étaient rassemblés chez M. Orelli,
et ils attendaient, dans la salle d'audience, son
arrivée, quand tout-à-coup les troupes prirent
les armes et parurent aux environs du gouvernement. Les portes s'ouvrirent, Orelli parut armé,
au milieu d'une troupe de satellites, et avec une
figure décomposée, par l'atrocité du crime qu'il
était à l'instant de commettre, il bégaya quelques
reproches vagues sur l'esprit de révolte qui régnait dans la colonie, en déclara les députés
auteurs, et termina sa criminelle harangue par les
condamner tous à la mort.

Ils furent à l'instant chargés de fers et conduits dans d'affreux cachots.

Cette nouvelle avait volé rapidement dans la ville, et y avait jeté la consternation et le désespoir.

Orelli se renferma dans son gouvernement et refusa de voir qui que ce fût, jusqu'à ce qu'il eût consommé son crime. Cependant, sept des malheureux Français qui attendaient la mort, furent élargis, et personne ne douta du motif qui détermina leur grâce : l'avidité d'Orelli, et la manière dont il s'est conduit, n'ont laissé aucun doute sur les moyens dont on se servit pour le toucher.

Ah ! sire, peut-être que les noms des cinq malheureux Français qui furent exécutés ne sont jamais parvenus jusqu'à votre majesté ; daignez jeter quelques fleurs sur leurs tombeaux, en daignant dire :

« Lafrenière, Noyant, Caresse, Villeret, Mar-
» quis et Millet, ont été massacrés par les ordres
» du barbare Orelli, pour avoir regretté mon ser-
» vice et pour avoir voulu soutenir les lois qu'un
» monstre voulait anéantir ».

Tous ces infortunés souffrirent leur supplice avec la fermeté qu'on devait attendre de vertueux citoyens qui n'avaient rien à se reprocher. Lafrenière, avant d'être fusillé, protesta de son innocence, encouragea ses concitoyens à mourir sans témoigner aucune faiblesse ; il dit à Noyant d'envoyer son écharpe à sa femme pour qu'elle pût la remettre à son fils, quand il aurait vingt ans ; il commanda lui-même aux soldats de faire feu, et il mourut comme un héros, en abandonnant à ses remords le cruel Orelli.

J'ai tâché, dans ce court abrégé, de rassembler les principaux événemens qui sont arrivés dans cette partie du monde, trop malheureusement négligée par nous. Il est aisé d'apercevoir que nous avons été nous-mêmes les artisans de l'infortune que nous y avons éprouvée : mon projet n'est pas de donner des conseils, mais en parlant des fautes sans nombre que nous avons commises, en politique et en administration, c'est une leçon cruelle que l'état reçoit, et un avertissement d'observer avec attention tout ce qui peut nuire, ou contribuer au bonheur d'une colonie que l'on voudrait établir. Dans le chapitre suivant je vais donner quelques détails relatifs aux sauvages de la Louisiane, et des éclaircissemens sur la nature du sol de cette contrée, et sur les productions que l'on doit en attendre.

CHAPITRE XIII ET DERNIER.

Le Français ne voyait dans la Louisiane aucune contrée où il ne pût s'introduire facilement avec des marchandises convenables à ses intérêts, et des forces nécessaires pour sa défense, objets égal\
lement essentiels pour se concilier l'amour et le respect d'où dépendaient son élévation et son repos. Mais par une politique mal-entendue, étant maître de pénétrer, sous les auspices de la Concorde, chez les Chicachas, Tchactas et Alibaʹ\
mons, conduite qui lui aurait acquis l'amitié générale de tous les sauvages, il débuta par porter la désolation chez les Chicachas ; ce peuple, naʹ\
turellement brave, osa se défendre, et il le fit avec tant de succès, que les Français furent re\
poussés. Toutes ces nations auraient recherché leurs alliances ; ils furent obligés de l'acheter par des traités fort chers et souvent humilians.

Les Anglais se conduisirent par un autre sysʹ\
tême, et il est aisé d'apercevoir, par les résultats, laquelle des deux nations fut la plus sage et conʹ\
nut mieux ses intérêts. Depuis le règne d'Elisaʹ\
beth il n'est aucun des successeurs qui n'ait aug\
menté les domaines de la Grande-Bretagne en

Amérique, avec tant de bonheur et de ressources, que sans parler des îles qui gardent les passages de l'Amérique, et qui lui servent autant à faire leur commerce qu'à gêner celui des autres et de la baie d'Hudson, dont ils se sont rendus maîtres, ils ont acquis la Nouvelle-Angleterre, la Pensylvanie, le Maryland, la Virginie, provinces qui sont voisines les unes des autres : ils se sont fait donner ce que la Suède et la Hollande possédaient dans leurs centres, dont ils ont fait la Nouvelle-Gersey et la Nouvelle-Yorck : ils se sont fait successivement concéder dans le Nord de l'Acadie, par les Français, et ils ont acquis, sans obstacles, la colonie sur laquelle nous avions des droits si bien fondés, depuis l'époque où l'amiral de Coligny l'avait établie.

Par la cession de l'Acadie, l'Anglais s'étendit jusqu'au golfe Saint-Laurent, et, dès ce moment, il forma le projet d'empiéter sur le Canada, et par l'invasion de la Caroline, il ne vit plus entre le golfe du Mexique et lui qu'un médiocre intervale, où sont épars Saint-Augustin, Sainte-Marco et Pensacole, méchans postes espagnols.

Les provinces anglaises ont la mer du nord dans l'est, les montagnes des Apalaches dans le couchant, faible barrière qui les séparent de la Louisiane, plus grande qu'elles toutes, mais moins peuplée que la moindre d'elles, et le Canada dans

le nord-ouest , aussi grand et aussi moins peuplé.
Ces provinces s'étendent depuis le 30e. de latitude
jusqu'à 45e, elles ont des côtes très-sûres, des
postes commodes, des chantiers, des arsenaux où
l'on construit des vaisseaux ; des villes considérables, telles que Boston, la Nouvelle-Yorck,
Philadelphie, Orange, Mancatte, Charles-Town,
Alifax , toutes dignes d'être comparées à celles de
l'Europe, puissantes par leurs manufactures, la
beauté et le rapport de leurs terres , et le nombre
d'habitans : l'industrie sur-tout y est singulière-
ment augmentée , depuis la révocation de l'édit
de Nantes, où une fausse politique fit perdre tant
de citoyens, dont les Américains s'enrichirent, et
qui portèrent chez eux leurs fortunes , leurs talens
et leur désespoir.

Qu'il me soit permis de faire quelques réflexions
sur l'état où se trouvaient les colonies anglaises en
comparaison du Canada, où nous étions plus an-
ciennement établis ; et osons démêler les causes
de l'agrandissement des uns, et de l'état d'avilis-
sement des autres. Je n'ai point le projet de dire
du mal de mon pays ; mais d'un côté j'aperçois
nos moyens détruire nos espérances, et je vois
ceux de nos concurrens couronnés du plus grand
succès ; nous avons donc eu des torts politiques
qui nous ont nui , pourquoi ne pas chercher à les
éclaircir, pour ne plus retomber dans les mêmes

erreurs? La religion exclusive, le gouvernement qui est pour ainsi dire absolu dans les colonies; le mauvais choix des administrateurs, et la vile classe des citoyens que l'on a transportés dans les colonies pour en devenir les habitans, voilà sans doute les causes des malheurs qui nous ont assiégés et qui ont empêché nos succès.

Les nouvelles découvertes doivent être les dé-dommagemens que la Providence accorde aux habitans des différens pays auxquels le hasard ou l'abus ont refusé des terres pour leurs subsistances. Un vaste pays se présente, la terre offre ses tré-sors aux fortunés habitans qui voudraient les re-cueillir, ils accouraient en foule se ranger sous les lois du prince qui daignerait les adopter; il leur donne des terres qui lui sont inutiles sans leur industrie, et il en reçoit le prix par les denrées de toute espèce, qui produisent un tribut annuel à ses douanes. Laissez ce peuple heureux, tran-quille dans ses opinions; il récompensera vos bien-faits par une population qui deviendra la source de vos richesses; mais au lieu d'un plan si sage, de vaines disputes de controverse vont assiéger ce paisible habitant qui suit la loi que ses pères lui ont enseignée; le champ qu'il a défriché, il ne peut plus le posséder, à moins d'être traître et parjure à la religion qu'il sait depuis son en-fance; il abandonne ce pays malheureux, les

le nord-ouest , aussi grand et aussi moins peuplé.
Ces provinces s'étendent depuis le 30e. de latitude
jusqu'à 45e , elles ont des côtes très-sûres, des
postes commodes, des chantiers , des arsenaux où
l'on construit des vaisseaux ; des villes considérables , telles que Boston , la Nouvelle-Yorck,
Philadelphie, Orange, Mancatte, Charles-Town,
Alifax , toutes dignes d'être comparées à celles de
l'Europe , puissantes par leurs manufactures, la
beauté et le rapport de leurs terres , et le nombre
d'habitans : l'industrie sur-tout y est singulière-
ment augmentée , depuis la révocation de l'édit
de Nantes, où une fausse politique fit perdre tant
de citoyens , dont les Américains s'enrichirent, et
qui portèrent chez eux leurs fortunes , leurs talens
et leur désespoir.

Qu'il me soit permis de faire quelques réflexions
sur l'état où se trouvaient les colonies anglaises en
comparaison du Canada, où nous étions plus an-
ciennement établis; et osons démêler les causes
de l'agrandissement des uns, et de l'état d'avilis-
sement des autres. Je n'ai point le projet de dire
du mal de mon pays ; mais d'un côté j'aperçois
nos moyens détruire nos espérances, et je vois
ceux de nos concurrens couronnés du plus grand
succès ; nous avons donc eu des torts politiques
qui nous ont nui , pourquoi ne pas chercher à les
éclaircir, pour ne plus retomber dans les mêmes

soit déplu et éloigné d'un pays où rien ne garan-
tissait sa propriété.

Il n'est jamais venu en France dans l'idée d'un
citoyen riche et connu d'aller s'établir dans les colonies, d'y porter ses ressources et ses talens ; les
colonies anglaises, au contraire, en sont remplies :
il est impossible d'opérer de grandes choses,
quand le patriotisme n'influera pour rien dans la
conduite.

Par un système également mauvais, lorsqu'il a
été question d'envoyer de nouveaux habitans dans
une colonie naissante, nous avons émigré la plus
vile classe de citoyens, des malheureux vagabonds, sans aveu, et des femmes perdues par la
débauche la plus outrée ; voilà les citoyens avec
lesquels on a voulu fonder des empires. Il est aisé
d'en tirer les conséquences, et mon étonnement
n'est point que nous soyions toujours tombés dans
la décadence ; mais il porte sur l'aveuglement de
ceux qui ont présidé à ces établissemens, auxquels on a redit cent fois ce que je répète ici, et
qui sont, malgré cela, tombés dans les mêmes
erreurs.

Les Anglais, au contraire, lorsqu'ils ont pris
possession des provinces américaines, après avoir
examiné le sol et vu qu'il était aussi fertile que les
plus riches contrées de l'Angleterre, n'ont pas
vu de différence entre ce pays et la métropole ;

moissons disparaissent, et la terre, privée de culture, se recouvre de ronces et d'épines.

Cet habitant désolé apprend qu'il existe des provinces voisines où, à l'abri des lois, il pourra cultiver tranquillement le champ qui lui sera concédé; il y vole : on ne s'informe point du dogme qu'il a adopté; on lui demande sa profession; et les forêts de la Nouvelle-Angleterre retentissent sous les coups que les charpentiers, que nous avons perdus, donnent pour façonner les bois de constructions qui entretiennent cette flotte formidable, dont nous éprouvons la supériorité.

Heureux, sans doute, sous le gouvernement de mon pays, ce n'est point une critique que je veux en faire, en blâmant la manière dont les colonies ont été conduites et peut-être le sont encore.

Les administrateurs militaires et civils, sans cesse en contradiction les uns avec les autres, ont été de tout temps la cause la plus directe du peu de progrès de nos colonies; on a voulu composer des conseils pour rendre la justice aux citoyens, mais l'on n'a jamais fait attention aux sujets que l'on envoyait pour présider aux lois. Ceux qui ont obtenu des places dans les conseils souverains les ont eues par brigues et souvent par sollicitations de leurs familles, qui cherchaient à les expatrier comme des sujets dangereux. D'après ce véritable exposé, il n'est point étonnant que le peuple se qu'ils portaient à Saint-Domingue, et une cargaison de huit mille livres leur rendait ordinairement trente-cinq à quarante mille francs qu'ils pouvaient employer en sucre à Saint-Domingue, ce qui quadruplait leurs fonds à leur retour en France.

Ce cabotage fait avec intelligence devenait une source de richesses inépuisables pour le pays, et Saint-Domingue y contribuait encore infiniment davantage que la France.

Il venait, année commune, au moins quarante à cinquante bâtimens de Saint-Domingue et de la Martinique, dont la principale cargaison était en taffia, sucre, vins, farines, dont le capital pouvait être estimé l'un dans l'autre à quarante mille livres; ces bâtimens chargeaient en totalité, en bois de charpente, planches, bardeaux, tabacs en carottes; chaque cargaison pouvait être estimée, l'une dans l'autre, à six mille livres, et ils prenaient le reste en lettres-de-change sur le trésor des colonies.

Les principales denrées, comme indigo, peaux de chevreuil et tabac en manocs, ne passaient en France que par le retour des bâtimens du roi, qui, tous les ans, venaient apporter les effets nécessaires pour le bien du service.

Malgré l'état d'anéantissement où cette colonie était réduite, par tous les malheurs qui l'avaient ils l'ont conduit avec les mêmes lois et le même gouvernement ; ils ont accordé la même protection à tous les cultivateurs , et toutes les branches d'industrie ont été encouragées. Laquelle des deux nations s'est conduite plus sagement ? L'expérience a jugé ce problême.

Cependant, la nature nous offrait le pays le plus vaste et le plus fertile , nous avions dans nos mains l'établissement du royaume le plus florissant : pour s'en convaincre , qu'on daigne examiner les ressources qui nous étaient offertes , tant pour le commerce que nous pouvions faire , que pour celui dont cette colonie était susceptible par ses productions.

La préférence que l'on doit à certaines productions sur d'autres est toujours indiquée par les besoins ; ainsi les bleds , les riz , les mahis , les pois , les fèves , méritent les premiers soins , parce qu'ils sont de première nécessité : mais examinons le commerce immense que l'on pouvait faire indépendamment. L'indigo , les peaux de chevreuil et le tabac en manocs , suffisaient pour payer le commerce de Bordeaux , de Bayonne et de la Rochelle. L'on ne peut guère apprécier ces objets à moins d'un million, et malgré le peu d'industrie de la colonie, et sa dévastation , ces trois objets suffisaient pour les importations de France. Les vaisseaux chargeaient aussi des bois de charpente ,

Ressources que l'on aurait pu tirer de la Louisiane.

Je répéterai encore ce que j'ai déjà dit plusieurs fois, que la Louisiane est sans contredit le plus beau pays de l'univers par la douceur de son climat et son heureuse situation ; les possessions de sa majesté étaient d'une si vaste étendue qu'elles surpassaient de beaucoup toute l'Europe ; elles étaient remplies d'une multitude d'endroits d'une richesse immense , qui n'attendaient que les habitans qui seraient venus les recueillir ; l'on y pouvait cultiver avec succès toutes les plantes de l'Europe sans distinction, et presque toutes celles de l'Amérique.

L'indigo qui était inférieur à celui de Saint-Domingue , ne l'était que par défaut de culture et ignorance des habitans. Les cannes de sucre commençaient à réussir , et l'on serait parvenu à les établir. Le tabac y venait à profusion , et si l'on avait encouragé cette branche de commerce, devenue précieuse par les besoins que nous nous sommes donnés de cette plante, l'on pouvait éviter de faire sortir chaque année du royaume plusieurs millions qui passent aux Anglais qui nous la fournissent.

Les montagnes qui bornaient les possessions de la France , d'avec celles du royaume de Mexique,

assiégée depuis son établissement, elle était parvenue cependant à établir le commerce dont je
vais donner un aperçu.

Des objets du commerce en général.

Trente-huit indigoteries, fabriquant ensemble, année commune,
100 milliers à 5 liv. ci . . . .   500,000 liv

Deux cent mille peaux de chevreuil à 40 sols, ci   400,000

Trois cent milliers de tabac en
manoe, à 4 sols, ci   80,000

Bois de charpente, mérin, bardeaux   250,000

Riz, pois, fèves   50,000

Cuirs sallés, peaux d'ours, de
bœufs sauvages   20,000

Brais et gaudrons   60,000

Suifs de chasse, quarante milliers,
à 10 sols, ci . . . . , ...   20,000

Le commerce extérieur en piastres, gourdes   300,000
____

1,680,000

Dépense du roi en lettres de change   1,800,000
____

TOTAL . . 3,480,000 liv.

presqu'aucuns frais, environ deux cent milliers
chaque année pour faire des balles et du plomb
pour le service de la colonie.

Voilà le pays que nous avons abandonné. A la
conclusion du traité de Versailles, on aurait pu se
rappeler que lorsque Camille fut nommé dictateur,
son premier acte d'autorité fut de rompre le traité
que l'on allait conclure avec les Gaulois; il ne
calcula pas l'état désespéré où se trouvait la répu-
blique, mais il voulut s'opposer à son déshonneur.

F I N.

dont la chute des eaux viennent par diverses petites rivières se perdre dans celle des Akancas,
nous indiquaient, par les morceaux de minéraux
trouvés sur les bords des rivières, qu'elles sont
remplies de ces riches métaux, et aussi abondantes
que celles des possessions du roi d'Espagne.

Il y a aux Illinois une mine de cuivre qui paraît
des plus riches, mais qui n'a jamais été mise en
valeur, faute de gens en état de faire les premières dépenses.

A huit lieues de la Mobile, sur les bords de la
Rivière-aux-Poissons, il y a une mine de fer, dont
le minéral est si abondant, qu'il se trouve à la
superficie de la terre. Le terrain où elle se trouve
est couvert de bois, conséquemment toutes les
facilités pour l'exploitation s'y rencontre; on a
envoyé des essais de cette mine en France, et le
fer en a été trouvé de la meilleure qualité. Les
dépenses du premier établissement, pour les conduits d'eaux, les marteaux, les fourneaux, auraient pu coûter 250 mille livres; mais l'entre-
preneur s'en serait promptement dédommagé par
les richesses que lui aurait procurées son industrie.
L'essai que l'on envoya en France produisit quatre-
vingts pour cent du plus beau fer.

Dans le pays des Illinois, à cinq lieues du fort
de Kas, il y a une mine de plomb qui produit
quatre-vingt-dix pour cent, l'on en tirait, sans

MÉMOIRE

HISTORIQUE ET POLITIQUE

SUR

L'INDOSTAN.

A V I S

DE L'ÉDITEUR.

LE Mémoire suivant sur l'Indostan s'est trouvé dans les papiers de M. de Vergennes ; il est probable qu'il lui fut remis dans le temps qu'il était ambassadeur à la Porte Ottomane ; cet habile et profond diplomate avait le plus grand soin de recueillir des renseignemens positifs sur les divers états du monde ; plus d'une fois il envoya sur les lieux des hommes propres à seconder sa curiosité.

Ce n'est pas qu'il ait jamais abusé, ni même voulu abuser de ses connaissances, qu'il en ait coûté une goutte de sang, une larme, parce qu'il aurait pénétré dans les secrets d'une puissance, deviné sa faiblesse et trouvé le moyen d'augmenter à ses dépens la grandeur de la Nation française, il se contentait d'avoir saisi le fil qui soutient l'équilibre dans la balance des gouvernemens.

Il n'attachait pas sans doute à ce Mémoire autant d'importance qu'à ceux qu'il avait fait recueillir sur la Russie par le baron de *Tott;* mais il n'en était pas moins curieux d'apprendre ce qu'on ne trouve ni dans la compilation du père *Catrou*, ni dans la relation du célèbre *Tavernier*, qui n'a, pour ainsi dire écrit, du moins quant à cette partie du globe, que pour les marchands ; ni même dans *Bernier*, qui, tout philosophe qu'il était, n'a pu s'instruire à fond ni du gouvernement, ni des usages de ce vaste pays.

Tout le monde sait combien peu nous connaissons l'Indostan, sur-tout depuis les révolutions fréquentes qui l'ont dévasté, dénaturé, après Tamerlan. Le Mémoire que je présente au public ne laissera point que de répandre quelque jour, au milieu de ces ténèbres ; s'il a mérité de fixer l'attention d'un grand ministre, il ne paraîtra point indigne d'exciter celle du grand nombre d'hommes avides d'instruction, sur-tout lorsqu'ils trouvent l'avantage de la puiser à des sources si authentiques.

MÉMOIRE

HISTORIQUE ET POLITIQUE

SUR

L'INDOSTAN.

Depuis que les nations européennes se sont établies sur les côtes de la mer des Indes, elles ont paru plus attentives à faire prospérer leur commerce, que curieuses d'acquérir des connaissances détaillées sur la constitution civile et politique, morale et militaire de ces vastes contrées. Les relations des Portugais ne nous entretiennent guères que de projets de conquêtes et de miracles : les Hollandais et les Anglais n'ont donné une sérieuse attention qu'aux objets purement mercantiles : les Français ne sont pas à cet égard plus avancés que les autres nations de l'Europe ; et si l'on en excepte le judicieux *Bernier*, on n'apprend rien d'important dans les relations des autres voyageurs ; ils prennent presque tous les cas particuliers pour des lois générales ; ils ont composé de gros volumes, et n'ont presque rien dit qui puisse alimenter la curiosité du lecteur.

Cet inconvénient a sa source dans l'ignorance ou l'inattention des voyageurs qui ont publié leurs observations ; la plupart sont des esprits grossiers et sans culture. Les révolutions rapides qui surviennent périodiquement dans l'état politique des Indes , jettent une nouvelle confusion dans les idées ; c'est ce cahos que nous voulons débrouiller, en posant quelques principes, à l'aide desquels on prendra une notion plus distincte et plus précise des affaires de l'Inde.

Nous supposons à ceux qui liront ce Mémoire, une connaissance générale des conquêtes des Tartares mogols dans la presqu'île , en deçà du Gange; ils y fondèrent, sous la conduite des enfans de Tamerlan , un puissant empire que leurs descendans possèdent encore aujourd'hui ; nous les appelons en Europe les *Princes mogols* , et nous désignons leurs états sous le nom d'*Empire du grand Mogol*.

Les successeurs des enfans de Tamerlan furent tous de grands princes; ils reculèrent les limites de leur empire. *Aureng-Zeb* (ce qui signifie l'ornement du trône) l'étendit depuis jusqu'au cap Comorin : cet empereur contemporain de Louis XIV mourut en 1704, après un règne de plus de cinquante ans ; les conquérans mogols suivirent strictement les lois politiques des Tartares. Ils se contentèrent de la domination suprême , et ils n'imposèrent que l'hommage et le tribut à la plupart des princes vaincus.

Le pays fut partagé entre les conquérans et les anciens habitans ; la première portion composa les fiefs que l'empereur confère à ceux dont il veut récompenser les services, et l'autre portion resta entre les mains des princes gentils : ce sont les états possédés héréditairement par les Rajas sous la souveraineté de l'empereur, à la réserve d'un tribut.

La portion des titres de l'empire, que les souverains se sont attribués, consiste en vingt-trois gouvernemens qu'on appelle *Subards* (1), un certain nombre de terriers dont l'empereur dispose immédiatement ; ces terriers se nomment *Jacquois*, et ceux qui les possèdent *Jacquidars*. Ce sont les temariots de Turquie et une image de nos fiefs en europe : les Subards de l'empire sont des espèces de jacquers ou de grands fiefs ; ceux que l'empereur pourvoit de ces gouvernemens sont tenus de lui payer une somme d'argent pour le tribut de leur province, et de marcher à ses ordres avec un certain nombre de troupes ; les Subards donnent des terres de leur gouvernement aux mêmes con-

---

(1) L'empereur les confère à qui bon lui semble ; les gouvernemens portent le titre de Subards, qui veut dire gouverneurs.

ditions; celui auquel on remet un territoire a la charge de marcher avec un certain nombre de fantassins et de cavaliers, à la première réquisi- tion; son territoire se nomme *Jacquidar*, et lui *Jacquir* : celui auquel on remet la garde d'un châ- teau ou d'une petite ville fortifiée est un *Guilidar*, il paie sa garnison avec ce qu'il peut tirer de la ville et de quelques aldées du voisinage; tel est l'ordre politique et l'administration de l'empire mogol. La faiblesse des empereurs qui ont suc- cédé à Thamas Kouli-kan a changé cet ordre, l'a laissé affaiblir, et jetté une confusion effroyable dans le gouvernement; mais lorsque les principes n'avaient rien perdu de leur vigueur, ce grand empire était régi avec autant de facilité et de sureté qu'une ville suisse.

Dès que la saison des pluies était passée, l'em- pereur quittait sa capitale, et il se rendait à son camp; il appelait auprès de lui les Subards, les Rajas et les principaux Jacquidars, et il se por- tait en corps d'armée dans les parties de l'empire, qu'il avait résolu de visiter; il écoutait les plaintes, il châtiait, il déposait les Subards et les Rajas; il se servait des uns pour opprimer et punir les autres; il recevait le tribut de l'empire; il destituait ceux qui manquaient d'exactitude et de célérité dans le paiement.

Ces empereurs commençaient chaque année les

mêmes caravanes , et ils visitaient ainsi successivement toutes les provinces de leur empire. *Ekbar*,
que nous dirons le grand ; *Jehau quire* , qui signifie
premier du monde , et *Aureng-Zeb* , suivirent constamment cette méthode ; ces princes furent toujours tout puissans. Les enfans d'Aureng-Zeb ré-
gnèrent paisiblement , grâces aux impressions de
respect et de soumission qu'*Aureng - Zeb* avait
jetées dans les esprits ; ils conservèrent encore
quelque temps toutes leurs forces ; mais en s'affai-
blissant insensiblement, elles affaiblirent l'empire.
Le lâche Mohabet-Kan , petit-fils d'Aureng-Zeb,
perdit tout par sa molesse ; les grands de l'Empire s'aperçurent qu'il leur était aisé de ne plus
obéir.

Mizam-et-Moúlouc donna la première idée de
ce funeste exemple ; afin d'écarter tout danger,
il sut profiter habilement de la faiblesse du prince,
et sema le désordre et la confusion dans toutes les
parties de l'état. A ces maux intérieurs son arti-
ficieuse politique joignit des maux étrangers ; il
suscita contre son pays la puissance maratte , encore abattue de deux grandes guerres, qu'*Aureng-
Zeb*, *Chah Jehan*, avaient faites successivement
à cette turbulente nation ; il l'excita secrètement
à reprendre les armes, il lui en fournit même les
moyens les plus efficaces , soit en lui fesant de
grosses remises , soit en restant à la tête de toutes

les forces de son gouvernement, paisible spectateur des déprédations de ces brigands ; nous
voulons nous borner aux notions préliminaires,
mais il est à propos de faire connaître cette nation
puissante et guerrière dont l'ambition a fait tant
de bruit dans toute cette partie de l'Asie.

Les Marattes habitent dans un grand centre
de montagnes à l'ouest de la presqu'île, vers le
25e. degré de latitude du nord ; ils obéissent à un
roi qui réside à Sefera dans une forteresse cons-
truite sur le sommet de la montagne Seragy, que
Bernier et Tavernier ont rendu célèbre parmi
nous.

Les rois marattes, comme la plupart des princes
orientaux, n'ont que l'extérieur de la souveraineté ; les droits réels et la véritable puissance sont
entre les mains de leur premier ministre. Balagiraou, maratte de la caste de Brahme, ne laisse
au roi son maître qu'une vaine pompe, et il re-
tient pour lui toute l'autorité; le prince, renfermé
dans un palais, ne voit autour de lui que des respects et des apparences de soumissions qui lui
cachent ses chaînes ; mais la garde qui l'environne
est autant pour le retenir dans son palais que
pour lui faire honneur. Balagiraou s'est emparé
de toutes les affaires ; il tient le fil de la guerre
et des négociations, la discussion des intérêts
généraux de la nation ne se fait que par lui. Il ne

voit jamais le roi, il lui écrit avec les expressions du plus profond respect, mais il réside loin de la cour, et il ne lui rend aucun compte de ses desseins, ni de ses affaires; ce qu'il y a de plus remarquable c'est qu'il a succédé à son père dans ce poste et dans ce crédit, aussi paisiblement que si c'eût été un héritage.

Les Marattes sont les premiers habitans de la presqu'Ile ; les conquêtes des mahométans tartares les firent refluer dans les montagnes qu'ils habitent aujourd'hui ; ces peuples renoncèrent à toutes les professions, pour ne s'occuper que de la guerre, et ne perdirent jamais l'espérance et le dessein de se rétablir dans leurs pays et surtout de se venger de leurs conquérans; de là ces fréquentes incursions, par lesquelles ils ont presque toujours troublé la tranquillité de l'empire. Aureng-Zeb touchait au moment de les détruire, mais un des fils de cet empereur, séduit par les conseils de ses ministres et de ses généraux, préserva cette nation d'une ruine inévitable ; ils voulaient conserver ce contrepoids à la puissance de l'empereur, et se rendre ainsi plus considérables à la cour et plus maîtres dans leurs gouvernemens.

Depuis la mort d'Aureng-Zeb, la faiblesse de ses successeurs a laissé prendre aux Marattes les forces qu'ils avaient perdues, et ensuite un ascendant incroyable sur l'empire, même ils en ont retranché de belles et grandes provinces, ils en ont incorporé à leurs domaines; mais ils ont tellement abusé de la faiblesse de la cour de Dély, qu'ils ont osé en exiger le droit le plus singulier qui soit aujourd'hui perçu sur la terre; ce droit est le chatage en vertu duquel les Marattes reçoivent le quart de tous les revenus de l'Indostan.

Les Marattes regardent l'octroi du chatage comme un simple dédommagement que les Tartares mogols leur doivent pour l'usurpation de leur pays qu'ils ont conquis; c'est à ce titre qu'ils l'ont exigé.

L'empire mogol n'avait de voisin redoutable que le seul royaume de Perse; mais la Perse presque toujours occupée de ses guerres avec les Turcs, et ne jouissant presque jamais d'un bon gouvernement, laissait à cet égard l'Indostan dans une assez grande tranquillité, à l'exception de quelques entreprises respectives pour la ville de Candahar.

Les Mogols et les Persans n'avaient rien à discuter ensemble; c'était pour maintenir leurs vassaux gentils et leurs sujets mahométans dans la soumission et fidélité que les empereurs mogols se tinrent si puissamment armés, et qu'ils passaient la plupart du temps à la tête d'un gros de troupes; de quelque côté qu'ils se présentassent, ils fesaient pencher la balance; mais la constitution de cet empire condamnait les empereurs à une vie active et à une attention soutenue sur toutes les parties de l'état; il leur était si peu permis de s'en dispenser que la moindre négligence, sur un point si délicat, ruinait pour un temps leurs affaires.

Mohabet-Kan fut le premier qui osa se relâcher du plan de conduite dont le plus grand de ses prédécesseurs avait senti la nécessité; il eut bientôt un juste sujet de s'en repentir. La malheureuse catastrophe par laquelle ce prince a fini son règne, a ruiné l'empire peut-être sans retour; et sans les divisions qui déchirent aujourd'hui la Perse, il est à croire que l'Indostan serait le théâtre de la gloire d'un nouveau conquérant : l'empereur, en attendant, est le jouet de ses vassaux et de ses propres sujets, au défaut d'ennemis étrangers. La pitoyable conduite des trois derniers empereurs a suscité à l'empire cinq sortes d'ennemis domestiques plus dangereux et plus destructifs que les étrangers; les premiers sont les Marattes, nous venons de parler de leurs manœuvres et de leurs prétentions.

Les seconds sont les *Raja-Poutes*; ce sont les descendans de ces anciens Indous que combattit Alexandre; les conquêtes des Mogols les ont pareillement chassés de leurs pays; ces peuples ont cherché un asile dans les montagnes, au centre de l'Indostan : les Raja-Poutes conservent encore aujourd'hui l'esprit belliqueux que les anciens historiens leur donnent ; ils ne sont pas cependant des ennemis aussi dangereux que les Marattes, parce qu'ils ne sont pas aussi bien unis, et que leurs dissensions intestines les empêchent de se réunir au-dehors ; mais comme ils font quelquefois d'assez fortes incursions, ils minent toujours le corps épuisé de l'empire.

Les troisièmes sont les *Patanes* d'une race tartare des frontières de Perse vers Candahar ; c'est la nation de l'Asie la plus brave et la plus guerrière sans aucune exception : les Patanes habitent au pied du mont Imaüs, qui est une branche du Caucase ; ils se sont répandus dans la partie de l'Indostan, que nous appelons en Europe le Jenribe, ou le pays des cinq rivières ; c'est le royaume de Porus ; le centre de la domination des Patanes est encore dans les montagnes, ils étaient vassaux de l'empire, et l'empereur n'avait pas de meilleurs soldats ; ils composaient presque toute sa cavalerie impériale ; leurs chefs se sont soulevés ; quelques-uns de leurs plus célèbres guerriers allèrent servir les princes et les Subabs des Indes ; le Kan, ou le chef des Patannes vint piller Dély, à la tête d'une armée de cent mille chevaux.

Les quatrièmes sont les *Rajas* et les autres grands vassaux de l'empire ; ils professent encore

l'ancienne religion des Indes ; ces princes, dépouillés des principaux droits de la souveraineté
par les conquérans mogols, n'ont pas laissé écha-
per l'occasion de s'en ressaisir : ils ont trouvé cette
occasion dans l'affaiblissement de l'empire.

Les cinquièmes sont les *Subabs*, qui étant sujets
immédiats de l'empereur dont ils tiennent leurs
rangs et leurs pouvoirs, semblaient devoir concourir à maintenir son autorité et la majesté du
trône ; mais ils n'ont vu dans la conspiration générale, qui a éclaté de toute part contre la puissance impériale, qu'un moyen également sûr et
facile d'assurer leur grandeur et leur indépendance. Aussi les deux derniers empereurs ont-ils
été opprimés par le roi de Perse, par leurs sujets
et par leurs vassaux, sans que les Subabs aient
paru y donner une attention véritable. Mohabet-
Kan arma contre le roi de Perse un nombre de
soldats ; Darius n'opposa pas à beaucoup près de
si grandes forces à Alexandre ; mais la plupart
des chefs de ces nombreuses troupes, sur les avis
et les conseils qu'ils recevaient de Mizan-et-Mou-
louc, et de quelques autres grands de l'empire,
se laissèrent gagner et les servirent comme ils auraient dû servir leur empereur.

C'est de ces cinq sortes d'ennemis domestiques
que l'empire mogol reçut les rudes secousses qui
causèrent probablement sa ruine ; il subsite en-

core, parce que ses ennemis, ou plutôt les rebelles
n'ont pas mis autant de suite et de concert dans
la conception de leurs desseins que de rapidité
dans leur exécution; mais il est vraisemblable
qu'il succombera sous le faix de ses divisions intestines, à moins que la fortune ne suscite enfin
un prince capable de remettre les affaires dans
leur ancienne vigueur.

Il y a à Dély vingt-quatre grands seigneurs que
l'on nomme *Imbras*; ils composent les conseils de
l'empereur et ils remplissent les principales dignités de l'état. Avant la confection générale des
affaires de l'Indostan, l'empereur nommait à tous
les grands gouvernemens, et les seigneurs choisis
par la cour étaient reçus sans contradiction dans
la province; mais les choses ont tellement changé
que lorsque l'empereur désigne aujourd'hui un
Imbra pour le gouvernement d'une province, le
premier soin du sujet désigné doit être de se procurer une armée, soit en la levant à ses dépens,
soit en s'étayant de l'appui d'un Subab placé; s'il
chasse son concurrent, il jouit du don de l'empereur; mais si son ennemi a le dessus, le rebelle
demande à la cour des titres nécessaires pour
commander dans la province, et il ne manque
jamais de l'obtenir.

On trouve dans l'Indostan une multitude immense de chefs de guerre, cavaliers et cipayes,

épars dans les aldées ; soit concession des Jacquirs , soit libéralités de quelques grands seigneurs,
ces chefs ont tous un certain nombre de cavaliers
et de cipayes auxquels ils donnent la subsistance;
au premier bruit d'un armement, ils viennent
s'offrir en foule; un homme qui a de l'argent est
assuré , en arborant un étendard, de former en
quelques semaines une armée aussi nombreuse
qu'il le désire.

De là vient que l'empire est agité par des
troubles et des divisions continuelles : les révolutions domestiques y sont très-fréquentes; on y
voit un très-grand nombre de familles considérables réduites par des pertes de fortune à la
misère la plus profonde. Le chef des Marattes
dont nous avons parlé a donné l'asile et la subsistance à plus de quatre cents seigneurs mogols,
de tout rang , que la nécessité des conjonctures
a plongés dans la pauvreté, et qu'il a réduits à
la fuite.

Remarquons ici une grande preuve du pouvoir
de l'habitude et de la force des préjugés de la
naissance. Il n'est personne dans les Indes qui ne
connaisse la faiblesse ou plutôt l'impuissance de
l'empereur, et cependant il n'y a aucun établissement solide dans l'esprit des Indiens, s'il n'est
autorisé d'une patente impériale : Balagiraou ne
manque jamais de faire solliciter à la cour de Dély

les paravanas pour la possession des terres qu'il arrache chaque jour de l'empire.

On sait en Europe que le grand mogol se fait peser chaque année dans une balance d'or ; c'est une des plus grandes fêtes de la cour : les subabs des provinces qui affectent le même faste et la même étiquette que l'empereur, n'ont pas encore osé s'attribuer ce droit ; c'est une cérémonie attachée à la seule personne de l'empereur : Balagiraou s'est cru au-dessus de la loi ; il se fait peser tous les ans.

La grosseur du corps est une chose si distinguée dans les Indes, que les grands seigneurs n'oublient rien pour se la procurer ; ils boivent une quantité prodigieuse de beurre fondu, ce qui leur réussit si bien, qu'il est ordinaire de voir des jeunes gens, au-dessous de trente ans, d'une grosseur incroyable ; mais cet avantage est bien peu de chose, quand on n'a pas le droit de se faire peser.

Eclaircissons ici une difficulté sur le titre de *Nabab*, que les journaux de nos voyageurs emploient si fréquemment, et qui est pris par les européens dans un si grand nombre d'acceptions différentes. *Nabab* est un titre d'honneur qui se rapporte à la personne et nullement, comme on le croit communément, aux principaux officiers de l'empire ; c'est donc très-improprement que nous disons à la côte une nababie pour signifier une province gouvernée par un seigneur maure ; les européens qui sont établis à Bengale et sur la côte de Coromandel, n'y devraient reconnaître que deux nababs, le subab du Bengale et le subab du Decan ; l'officier de l'empire que nous nommons constamment et mal-à-propos le nabab d'Arcatte, n'a que le titre de faussedar du Decan, auquel il est subordonné ; cette confusion dans les titres vient de l'obscurité de ces nations sur les affaires de l'empire mogol ; cette obscurité est telle, qu'un homme remplissant aux Indes la première place parmi les Français envoyés pour fixer enfin les doutes de la cour, éclaircir ce qu'on croyait avoir été embrouillé, et donner à nos affaires une allure convenable, s'est servi de cette expression dans une lettre au ministre, « Qu'im- » porte à la compagnie que des rajas se disputent » des nababies ? ».

La première charge de l'empire mogol donne le droit de commander tous les autres états despotiquement ; c'est l'emploi du grand visir. Celui qui remplit aujourd'hui ce poste important, est un neveu de Salabetringue, subab du Decan, dont nous avons long-temps soutenu la gloire et les intérêts, et que nos relations désignent très-improprement sous le titre de roi de Golconde. Le grand visir est fils de Haren Decan, fils de Zizamel

Moulouc ; il a pris le nom d'Aresjacques ; son grand père l'a porté pendant les dernières années de sa vie : ce nom d'Aresjacques est le titre le plus sublime qu'on puisse recevoir de la magnificence de l'empereur ; les mahométans ont une tradition qui leur apprend que le premier ministre de Salomon s'appelait Aresjacques ; on voit, d'un coup-d'œil, ce qu'une pareille dénomination a de grand et de flatteur.

Le grand visir de l'empire mogol n'a pas encore atteint sa trentième année, et il possède cette éminente dignité depuis 1755 ; mais il n'a pu y parvenir qu'au moyen d'une guerre civile, pendant laquelle, secondé de Hoscar, un des plus célèbres chef des Marattes et le plus accrédité auprès de Balagiraou, le jeune *Garendikan*, fit déposer l'empereur, qui ne lui était pas favorable, et fit élever sur le trône impérial un vieux prince qui prit le nom d'Alenguir, du même nom, puisqu'Aureng-Zeb, son bisayeul, porta le même nom sur la fin de son règne : c'est un prince de soixante-quatre ans qui était dans la prison de Scheherade, à Dély.

Cette prison est destinée pour les princes de la famille impériale, auxquels on juge à propos de conserver la vie et l'usage de leur raison ; les autres sont enfermés à Gualior ; on les contraint de boire à jeun tous les matins un grand verre d'une drogue

qu'on nomme *Point* ; c'est une décoction de pa-
vots qui les abrutit en quelques mois , et qui les
fait mourir insensiblement dans un état de lan-
gueur et d'imbécilité.

Alenguir avait refusé dix-huit ans auparavant
de recevoir la couronne impériale des mains du
roi de Perse ; *Naderscha* le fit sortir de sa prison ,
et il lui déclara en plein d'Orbard le choix qu'il
fesait de lui pour remplir le trône de l'Indostan ;
ce généreux prince lui fit cette noble réponse :
«Je ne puis avec honneur m'asseoir sur le trône
» de Tamerlan , qu'après avoir vengé l'affront que
» tu fais à sa famille en l'immolant sur le trône
» des Perses».

Naderscha , plus touché de sa grandeur d'ame
que blessé de sa fierté , le fit reconduire dans sa
prison , et il rendit le sceptre à l'empereur, qu'il
avait résolu de déposer. L'âge avancé d'Alenguir
ne lui avait pas permis sans doute de déployer
dans le gouvernement la vigueur que cette réponse semblait annoncer de sa part. Ce gouvernement est absolument à la discrétion de son visir:
la misère est si grande dans cette capitale , autrefois si riche, si florissante, qu'on nous écrivait de
Dély à Pondichery , que dans les premiers mois
qui suivirent l'invasion des Patanes , en 1755,
l'empereur recevait cinq roupies par jour du visir
pour sa subsistance ; ce puissant prince n'a pas

un seul soldat qui dépende de lui ; il n'est
plus en état de contraindre les subabs à lui former une armée : lorsque son grand visir peut
recouvrer quelques sommes d'argent, il les em-
ploie à lever des troupes, avec lesquelles il tombe
sur ceux qui ne sont point sur leurs gardes, et il
en arrache quelques tributs ; mais dans toutes ses
expéditions il contracte des dettes bien supérieures au profit qu'il en retire.

Quoique la place de grand visir ait perdu la
plus grande partie de son lustre et presque toute
son autorité, elle est encore la plus belle de l'empire ; il dispose des terres qui composent le domaine impérial ; c'est à lui qu'on s'adresse pour
obtenir les paravanas et les autres pièces de la
chancellerie impériale, qui sont toujours nécessaires dans l'oppression des peuples. Le grand
visir est redouté des subabs ; il peut aisément leur
susciter des ennemis ; leurs divisions lui conservent
un reste d'influence dont un habile homme sait se
prévaloir avantageusement.

Aresja, encore dans le feu de la jeunesse, est
rempli de courage, d'ambition et d'esprit ; ses
intrigues le font craindre et respecter, et il tire
un assez grand parti de sa place : il conçut, il y a
quatre ans, lorsqu'il se vit grand visir, le projet
d'étendre son gouvernement, et de donner un peu
de force et de vie à l'autorité de l'empereur ; il

s'adressa à M. de Bussy, dont la réputation dans l'Indostan est au-dessus de ce que l'on peut dire ; il le pria de le seconder dans son dessein et de l'aider à rétablir dans les diverses parties de l'empire l'ordre et la subordination (ce sont les propres mots de la lettre du grand visir à M. de Bussy). Aresja voulait que M. de Bussy vînt à Dély avec un corps de douze cents français ; on les eût joint à ce que l'empereur pouvait ramasser de troupes.

Ce prince, conduit par M. de Bussy, suivi du grand visir, eût fait le tour de son empire ; il est certain qu'il n'eût trouvé par-tout que des respects et que de la soumission : cette démarche si simple et si praticable eût rétabli l'empire pour long-temps ; les affaires rentraient dans leur ancien ordre en le rétablissant à propos ; la cour eût puni les subabs dont elle avait le plus à se plaindre ; elle eût diminué les droits excessifs qu'ils se sont attribués ; elle eût supprimé les successions héréditaires qui commencent à s'établir dans les principales familles.

Nizam-et-Moulouc avait osé disposer, par un testament, non-seulement des gouvernemens dont il était en possession, mais de ceux qui relevaient de lui ; les guerriers attachés à sa fortune et à sa personne avaient suivi des dispositions qui leur paraissaient un titre légitime. Ce voyage de l'empereur, quelques exemples de sévérité, la destitution de quelques-uns des plus puissans subabs rétablissaient à cet égard l'ancienne harmonie du gouvernement; de là, il n'y avait plus qu'un pas à faire pour réprimer les révoltes des Marattes, de Patannes, de Raji-poutes; on rendait à l'empire son ancienne majesté, on eût insensiblement guéri toutes les plaies dont il était frappé depuis vingt années, tandis que le temps doit nécessairement les amener au point de les rendre tout à fait incurables.

Quelques auteurs nous disent froidement que l'empereur a neuf cent millions de revenu, qu'il entretient sans cesse deux cent mille soldats, et neuf cents éléphans auprès de sa personne. Après ce que nous venons d'exposer, il est aisé d'apprécier ces ridicules exagérations; je crois qu'on ne sait pas au juste à Dély même à combien s'élèvent les revenus de l'empire; la partie plus considérable de ces revenus, consiste dans les tributs des rajas et des subabs; cette partie est toujours en souffrance; mais après une évaluation aussi vraisemblable qu'il est possible de la faire dans un calcul toujours un peu arbitraire et un peu vague, on pense que les revenus de l'empire, régulièrement perçus, passeraient 200 millions de roupies, ce qui fait plus de 500 millions de notre monnaie.

Les rapports des européens avec les grands

officiers de l'empire mogol, du Gange au cap
Comorin, se bornant aux deux subabs de Bengale et du Decan; le subab du Decan étend sa
jurisdiction jusques vers le cap Comorin, aussi
nos principaux établissemens sont-ils dans les
terres qui dépendent de lui.

Ce mémoire est uniquement destiné à donner
une idée générale de l'empire mogol; ce qui nous
entraînera, même dans une autre discussion, sur
la situation politique de la presqu'Ile qui est séparée en quelque sorte de ce qu'on appelle proprement l'Indostan, que nous bordons au sud par
une chaîne de montagnes qui s'étend de Surate à
Balazor, vers les bouches du Gange et qui remonte
vers le nord-ouest jusqu'au pied du Caucase, dont
une chaîne le sépare de la Perse, et vers le nord
et jusques à une autre chaîne des mêmes montagnes qui le sépare du Thibé, tandis que le Bengale, ou pour mieux dire, le tour du Gange fait
sa limite vers l'est, l'Indus à l'ouest.

C'est dans cette vaste contrée que les descendans de Tamerlan essuyent aujourd'hui toutes les
humiliations dont nous avons parlé; les petits fils
de ce conquérant y réunissent leurs forces, et
renonçant à Samarcandre, le patrimoine de leurs
ayeux, ils ne conservent de toutes les conquêtes
de ce guerrier, que le nord du Mogolestan. Ebar,
cent cinquante ans après la ruine de ses frères

et de ses neveux, et le parricide le plus détestable,
qui furent les dégrés qui le menèrent au trône
mogol, étendit ses conquêtes d'Aurengabar, qu'il
fonda jusqu'à Mazulipatham. Un de ses généraux
conquit *Méliapour*, que les européens appellent
Saint-Thomé, parce qu'ils supposent que l'apôtre
Saint-Thomas y couronna son apostolat; ce général d'Aureng-Zeb établit le premier faussedar
d'Arcatte, et il lui donna le droit de maintenir
dans la dépendance de l'empire tous les petits
princes de la côte de Coromandel, lesquels, sur
le bruit de la marche de l'empereur, coururent
de toutes parts au-devant du joug qu'on leur présentait; les rois de Gengy, de Trichenapaly, de
Tanjoar, se reconnurent vassaux de l'empire; on
leur conserva à prix leur souveraineté; les affaires
se sont soutenues sur le même pied bien long-
temps après la mort d'Aureng-Zeb.

Les Français, les Anglais et les Danois, dont
les principaux établissemens sont à la côte de
Coromandel et dans le Bengale, sont à cet égard
dans une dépendance forcée des subabs du Bengale et du Decan : les Hollandais, établis puissamment dans l'île de Java, et ne possédant dans le
continent que les petits comptoirs, me paraissent
en ce point dans une situation plus fixe et plus
heureuse; mais pour nous borner ici à ce que
l'expérience peut nous apprendre, la compagnie

de France a d'abord tiré un grand profit de la situation de ses établissemens et les liaisons qu'elle avait commencées à former avec le subab du Dekan, devaient bien tendre à lui procurer la supériorité du commerce sur tous les étrangers.

C'est une singularité étrange et bizarre que ce souverain si mal obéi, cet empereur qui a des vassaux, qui entretiennent trente mille soldats; ce prince, incertain souvent de sa subsistance, et qui voit ses soldats se disputer à main armée la distribution de ses propres grâces; c'est pourtant un souverain despotique dans le sens le plus rigoureux, à s'en tenir à l'institution primitive et à l'existence de ses droits : toutes les terres de l'empire lui appartiennent; on se les arrache de main en main, en se servant de son nom et du respect encore réel qu'on conserve envers l'ombre de son autorité; nous exceptons de cette règle générale les états des rajas, lesquels restent toujours dans la même famille par l'accord de leurs soumissions; tous les autres gouvernemens ne sont possédés que d'une manière précaire; les portions de terres cultivées par les paysans sont sujettes à la même instabilité; les gouverneurs des provinces, les jacquidars, les faussedars, chassent au gré de leurs caprices les paysans des fonds qu'ils travaillent; ceux-ci sont dépouillés aujourd'hui par leurs ennemis domestiques, comme ils

l'étaient autrefois par la seule volonté de l'empereur.

Si l'assertion que les terres de l'Indostan appartiennent en propre à l'empereur, signifie que les
champs et autres biens-fonds sont des domaines
impériaux qu'il fait travailler pour son compte,
il est visible qu'en parlant rigoureusement cette
assertion est fausse; mais si elle veut dire simplement que les terres ne sont possédées que d'une
manière précaire dans tout l'Indostan, que l'on
dépouille le cultivateur du fonds qu'il fesait valoir
sans aucune formalité, rien au monde n'est plus
véritable; cet usage inhumain s'étend de l'empereur aux subabs, des subabs aux faussedars, de
ceux-ci à leurs fermiers subalternes, et de tous
ensemble aux cultivateurs. Nous suivons même
cet usage dans toutes nos possessions dans la gestion de nos domaines; il produit plusieurs vices
dans l'administration. Les paysans, étrangers sur
leur propre fonds, ne s'attachent point; ils courent en foule où la subsistance se trouve à plus bas
prix, et la désertion des campagnes en est une
déplorable suite.

Ce sujet m'a écarté de l'objet que je m'étais
proposé; revenons au despotisme des empereurs
mogols.

J'appelle gouvernement despotique une monarchie rigoureuse dans laquelle l'autorité souveraine

ne connaît d'autres bornes que celles qu'elle s'im-
pose à elle-même, de sorte que son despotisme
est son propre terme et sa règle; c'est-à-dire que
sa puissance n'est fondée sur aucunes lois, et qu'on
ne s'arrête qu'aux limites que les choses humaines
ont toujours pour leur nature.

Telle est, sans doute, l'autorité des empereurs
Mogols; leur empire n'est fondé que sur le droit
de conquête; ce grand état manque de lois, il n'y
en a pas seulement pour régler la succession à la
couronne, qu'un usage constamment suivi jusqu'à
présent a conservé dans la maison de Tamerlan,
sans égard à l'ordre et à la légitimité de la naissance. Un état qui manque de lois sur un objet
de cette importance, n'en doit point avoir sur les
moindres. Quelques usages généraux, les mœurs,
la religion, étaient le seul frein qu'on pouvait
opposer au ravage d'une autorité sans bornes;
mais cette digue est toujours faible; aussi les empereurs qui ont voulu veiller à leurs affaires,
ont-ils joui d'une autorité aussi entière que celle
des rois de Perse et des princes ottomans les
moins obéis.

Aureng-Zeb se fit adorer pendant cinquante
ans sur le trône des Mogols; l'assassin de ses frères
et de ses neveux, un empoisonneur, un parricide!
il fit mourir un plus grand nombre de ses sujets
que ses trois prédécesseurs ensemble n'avaient fait

pendant le cours de leur règne ; il détruisit aussi plus de fortunes particulières ; ses caprices jetaient le deuil et la consternation dans toutes les grandes familles de l'empire ; enfin , il donna tous les exemples de cette atroce sévérité qui caractérise ces princes despotiques.

Il ne s'agit plus d'examiner si le gouvernement despotique existe ou non , s'il est une forme de gouvernement ou seulement une corruption d'une autre forme ; il n'est que trop vrai que cet étrange pouvoir se trouve comme naturalisé dans les états de l'Asie.

Aujourd'hui l'anarchie a succédé au despotisme, ce qui me paraît très-naturel ; mais si ces grands empires tombent facilement , il leur faut aussi moins de moyens pour se relever de leurs pertes ; les révolutions de ces vastes monarchies sont ordinairement plus funestes aux souverains qu'au corps de l'état.

La situation où sont aujourd'hui les affaires de l'empire Mogol , nous annoncent une prochaine révolution ; il s'écroulera de toutes parts sous ses débris , ou il se relèvera avec force ; les Marattes, les Rochepoutres , les Patanes , l'attaquent de tous côtés , et chacun de ces peuples se conduit relativement à son intérêt , sans aucun égard pour les intérêts des autres ; les Patanes font des incursions, commettent d'horribles brigandages ; les Roche-

poutres, plus déchirés et plus divisés que l'empire
même, ne font que des courses passagères, sans
aucun objet déterminé; les Marattes joignent seuls
à leur goût pour le pillage des desseins secrets et
des vues profondes; à la faveur des droits de che-
tage, ils font sans cesse de nouvelles acquisitions,
ils serrent et rétrécissent l'empire, ils entretiennent soigneusement les divisions et les jalousies parmi les grands; l'ambitieux Balagiraou
court à grands pas à la souveraineté de la presqu'Ile, il a tenté de se faire subab du Decan; c'en
était fait du gouvernement mahométan dans la
presqu'Ile de l'Inde si M. de Bussy n'eût pas fait
avorter ce dessein.

Nous disons le gouvernement mahométan, l'expression est plus juste que de dire l'autorité de
l'empereur; le subab du Decan, qui le représente
dans la presqu'Ile, ne reconnaît la cour de Dély
qu'à l'extérieur; il ne rend compte de sa conduite à personne; il s'est dispensé de payer le
tribut; c'est dans le fait une véritable puissance,
et c'est avec elle que sont nos plus grands rapports;
il est de la fine politique de travailler à la rendre
assez redoutable pour retenir les Marattes dans
leurs montagnes. Le sort de l'empire Mogol ne
nous touche que dans l'éloignement, mais comme
nous dépendons de plusieurs égards du subab du
Decan, sa prospérité ne saurait nous être indiffé-

rente ; et s'il ne nous en coûtait que des vœux, nous devrions les prodiguer pour le rétablissement de l'empire Mogol dans son ancien lustre, ce serait le seul moyen de s'occuper de l'accroissement du commerce, sans être contraints d'y mêler des objets étrangers et ruineux.

D'après ce que nous venons de dire, l'empire Mogol se trouve ruiné par le concours des circonstances qui en ont énervé la force et détruit la splendeur ; on a vu que la presqu'Ile de l'Inde, dans laquelle ses empereurs avaient établi leur autorité, n'est plus soumise à leur jurisdiction que par un reste de formalité qui montre plutôt la force de l'usage qu'il ne retrace l'existence d'un droit.

La presqu'Ile de l'Inde est la partie du Mogol qu'il nous importe le plus de connaître ; nos établissemens y sont situés, nous en avons fait le principal entrepôt de notre commerce ; nos acquisitions y forment un état considérable ; il est à propos d'entrer à cet égard dans un détail un peu plus étendu.

Nous ne cherchons pas la précision géographique, en assignant ici les bornes de la presqu'Ile de l'Inde : nous désignons sous ce nom la vaste étendue du pays qui s'étend au sud par une grande ligne, partant de Suratte et venant par Aurengabat, aux bouches du Gange vers Balazor, ce qui fait une largeur de plus de quatre cents lieues ;

il est vrai qu'elle diminue toujours pour venir se terminer en pointe et former vers l'Indostan le cap Comorin ; adoptons une division générale qui nous donnera quatre parties principales : la côte de Malabar , le subab du Decan, la côte d'Orixa et la côte de Coromandel , une grande chaîne de montagnes séparera ces quatre parties.

La côte de Malabar contient plusieurs états, lesquels, à la réserve du roi de Canara , ne sont point vassaux des Mogols ; les Marattes occupent le nord , où ils ont quelques ports ; les Anglais y tiennent Bombay ; l'Empire y possède le *Visa* ; pour ce qui est de Goa et quelques petits postes , ce sont les seuls restes de la vaste domination que les Portugais s'étaient procurées dans l'Inde ; les Français ont acquis la ville de Demarche , comme si les Anglais avaient juré de ne les laisser tranquilles nulle part ; ils ont, à une lieue de distance de ce comptoir , le poste de Jalisery ; les Danois ont aussi un petit établissement à la côte de Malabar.

Ces établissemens , à la réserve de Bombay qui est un grand et magnifique port , n'ont d'autres objets d'utilité , pour les nations commerçantes , que de se procurer l'avantage du commerce du poivre ; nous excluons les Portugais , qui ne se piquent pas d'être négocians , et qui ne trouvent dans la conservation de Goa que le seul avantage de protéger les missions ; les Hollandais , outre quelques comptoirs répandus le long de la côte, y possèdent la ville de Cochin. Les princes les plus considérables sur la côte de Malabar sont les rois de Canara , de Callicute, nommé *Samorin* , et de Tranvacor, dont les états sont tout-à-fait vers le cap Comorin; le premier est vassal de l'Empire, depuis que les Mogols ont conquis le *Visa* ; le second est absolument indépendant ; le roi de Tranvacor s'est conservé dans la même indépendance , mais il doit ce bonheur à la faiblesse des mogols qui, de nos jours , n'ont pas su se prévaloir de l'acquisition qu'ils ont faite de Madère, dont les frontières touchent à un état de ce prince, comme ils se prévalurent autrefois de la conquête du *Visa* pour mettre le roi de Canara sous le joug.

Ce fut avec le Samorin que Vaser de Hanna traita , lorsqu'il fut parvenu dans les Indes par la route de l'Océan; ce prince est le plus puissant de la côte de Malabar; on prétend qu'il peut rassembler une armée de quarante mille hommes; il est de la religion des Brahmes ; son autorité est despotique ; le roi de Tranvacor n'est pas si puissant que le Samorin , cependant il se conserve toujours , malgré leurs fréquens démêlés, par la situation avantageuse de ses états, et sur-tout par le bon esprit qu'a eu le père du roi régnant de former un petit corps de troupes européennes, qui est encore aujourd'hui au service du roi de

Tranvacor, et qui se recrute de Portugais et de Français déserteurs. Ces soldats, en temps de paix, servent, dans la citadelle de Cottate, avec autant de régularité, dit-on, que dans une forteresse d'Europe.

La côte de Malabar est dans une situation politique plus heureuse que la côte de Coromandel ; les Marattes n'ont aucune prétention au préjudice de ses princes ; les Mogols n'influent que sur une petite partie ; les querelles des Européens n'en troublent pas le repos : il est vrai que les Portuguais y sont quelquefois inquiétés par les Marattes qui leur enlèvent quelques-uns de leurs postes, mais ces troubles passagers n'altèrent la tranquillité de cette partie de la presqu'Ile, que pour quelques intervalles d'une courte durée ; les troubles, les discussions, les guerres civiles et étrangères, enfin toutes les maladies des corps politiques sont, pour ainsi dire, *domiciliées* à la côte de Coromandel.

Nous ne dirons pas grand chose de la côte d'Orixa ; les Anglais y avaient formé un établissement à Vizagapalnam, dont M. de Bussy les chassa au commencement de cette guerre ; Ragogy Bousole, prince de la race royale des Marattes, le même qui commandait l'armée qui fit cette grande invasion en 1740, s'établit au nord de la côte d'Orixa à Balazor, dont il obtint la cession du

subab du Bengale ; ses enfans possèdent encore
ce Jacquir , dans lequel ont habité les chefs des
Marattes et leurs cavaliers attachés à la fortune
de leur père.

Le subard du Decan comprend le pays qui
s'étend d'Aurengabar à Mazulipatan , ou , joint à
ce qu'on appelle communément *le Decan ,* l'ancien état de Golconde ; ce vaste pays compose un
seul gouvernement , régi par un subab , dont le
Carnatte , le Madurée , le Tanjaor et le Mahissore
ressortissent ; le Visapour même en dépend quelquefois ; de sorte , qu'à proprement parler , la
presqu'île de l'Inde relève entièrement de ce grand
officier de l'empereur.

Les gouverneurs , dans leurs institutions primitives , n'étaient que les fermiers des provinces,
dans lesquelles ils commandaient les armées par
une suite de la police générale de l'Asie , laquelle
réunit toujours le plus de pouvoir qu'il est possible
sur la même tête ; comme ces levées d'argent se
font toujours à main armée , depuis le plus petit
jacquidar jusqu'au plus puissant gouverneur, les
fonctions des fermiers de l'empereur, dans les provinces , sont devenues les fonctions de la souveraineté ; et la situation où sont les affaires aujourd'hui
y joint l'indépendance. Le Decan est rempli de
Marattes possesseurs de différens jacquirs , et de
rajas , qui sont des princes idolâtres , simples tri-

butaires de l'empereur du Palcagar, et des petits princes subalternes, maîtres de certains cantons, environnés d'épaisses forêts, ou situés dans les montagnes d'un accès difficile, qu'habitent des princes arabes, patanes, mogols, et autres mahométans remplissant les charges civiles et militaires; les anciens habitans ne s'occupent que de la culture des terres; on y trouve peu de fabriques.

Le subab jouit, dans toute l'étendue du pays qui relève de son gouvernement, de l'autorité souveraine, comme s'il était empereur même; ses paravanas ont autant de force et de vertu que ceux de la cour de Dely. Nizam-et-Moulouc, mort en 1748, père du subab d'aujourd'hui, fut toujours tout puissant dans la presqu'île tant qu'il vécut; on ne soupçonna la faiblesse de l'empire que lorsque ses intérêts exigeaient qu'il la fît apercevoir. Dans toutes les occasions il déployait une force et une vigueur digne des belles années du règne d'Aureng-Zeb ; on l'a vu réprimer les Marattes à la tête de cent mille hommes, et avec d'aussi grandes forces rester tranquille spectateur de leurs dépradations et de leurs brigandages.

Salabelzingue, son fils, n'a jamais eu le même crédit ni la même considération ; par le secours d'une politique toujours heureuse, son père avait été visir; on a écrit sa vie, c'est un tissu d'intrigues et de fourberies très-adroites.

Le subab du Decan entretient toujours quinze cents cavaliers et environ trente mille fantassins; dans les occasions importantes il convoque tous ceux qui doivent marcher à ses ordres, ce qui lui fait un corps de cinquante mille cavaliers, et de plus cent mille cipayes ou pions; il fait chaque année le tour de la plus grande partie de son subab pour en lever les revenus; il n'arrache guère que des à-comptes; il tombe souvent sur des vassaux de l'empire pour les contraindre à payer leur tribut; s'il cessait une année de se mettre en campagne, ses sujets se moqueraient de lui et ne paieraient rien.

Le faussedar d'Arcatte, que nous nommons assez improprement *le nabab d'Arcatte*, est son premier vassal, c'est à lui que Maduré, Trichenapaly, Tanjaor, Orcan Palcam et Morava, doivent payer le tribut auquel ils sont assujétis; les subabs du Decan ont souvent pourvu à la faussedarie d'Arcatte. Si les Européens ont confondu les droits et les véritables usages, c'est que les Mogols ne s'y soumettent jamais que lorsqu'ils y sont contraints par une force majeure. Les faussedars d'Arcatte profitant de l'absence de Nizam-et-Moulouc, que ses affaires appelaient souvent à Dély, ou retenaient au-delà des Gattes, affectaient l'indépendance et se donnaient des titres qui ne leur étaient pas dus; et les Européens, établis à la côte, ne surent pas distinguer ces usurpations du protocole de la cour impériale.

Supplément à ce Mémoire.

Le Mémoire précédent renferme des détails qui ne pouvaient être recueillis que par des hommes accoutumés à vivre parmi les Indiens ; mais il laisse des lacunes que j'ai cru devoir remplir par la notice suivante :

L'Inde est ce grand pays d'Asie, dont les bornes sont le grand et le petit Tiber, l'Océan des Indes, la Chine, la mer de la Chine, la Perse et la mer des Indes ; elle se divise en trois parties, la presqu'Ile occidentale en-deçà du Gange, l'orientale au-delà et le continent ; celle-ci est soumise à un seul monarque qu'on connaît en Europe sous le nom *de Grand Mogol*, et son empire sous celui *d'Indostan*.

L'Indostan est si étendu qu'on y trouve tous les climats et toutes les variétés de la nature. De Surate jusqu'à Agra il ne pleut jamais que dans une saison de l'année, depuis le milieu de juin jusqu'au milieu de septembre ; mais alors c'est un déluge qui fertilise les terres et qui commence et finit par des tempêtes effrayantes auxquelles succède une sérénité continue.

Fossiles, minéraux, végétaux et animaux, tout est en abondance dans l'Inde. Vingt provinces font la richesse de l'Indostan ; presque toutes leurs capitales ont été bâties par des souverains, dont les palais attestent l'ancienne magnificence. Différens peuples habitent cette vaste région, les *Indiens*, les *Patans* ou *Afghans*, les *Baluchis*, les *Parsis*, les *Mogols* ou *Tartares*. Les *Indiens* sont les naturels du pays ; les *Parsis* descendent des anciens Persans, adorateurs du feu, sortis de leur pays quand les Mahométans s'en emparèrent. Les *Patanes*, ou *Afghans*, sont les descendans des Mahométans, Turcs, Persans, Arabes, qui, vers l'an 1000, s'emparèrent de l'Inde. Les *Baluchis* sont comme un détachement des *Patans*, entre la Perse et l'Inde ; ce sont des barbares adonnés au pillage. Les *Mogols* sont actuellement les vrais maîtres de l'Inde et y règnent despotiquement ; les Européens y ont aussi des établissemens. Les *Indiens* sont idolâtres ; les *Parsis* pratiquent encore la religion des anciens Perses réformés par *Zoroastre* ; les *Patans* et les *Mogols* observent scrupuleusement la loi mahométane.

Les *Mogols* actuels de l'Inde tiennent peu des Mogols tartares leurs ayeux ; le fondement de leur nourriture est le riz, ils usent aussi du pain, préfèrent l'eau à toute autre boisson ; elle est excellente dans l'Inde : les cérémonies des mariages sont magnifiques ; on enterre dans la campagne, le deuil est excessif ; la langue est un mélange de persan et d'arabe. Les Mogols sont très-sobres et très-charitables ; le pays est rempli de fondations pieuses, d'hôpitaux dans les villes, d'auberges sur les grands chemins, où l'on trouve le couvert gratuit. On compte dans l'Indostan à-peu-près huit cent mille *Faquirs* mahométans ; parmi eux on distingue les derviches, qui passent leur vie dans la retraite et dans la contemplation, et ne vivent que des aumônes qu'on leur apporte ; quelques-uns d'entr'eux s'astreignent à des austérités effrayantes.

Toutes les religions sont tolérées dans l'Indostan ; les Indous, ou Gentils, sont divisés en quatre grandes tribus qui se subdivisent chacune en beaucoup d'autres : 1°. Les gens de loi ou prêtres ; 2°. Les gens de guerre, les rajas et les rois ; 3°. Les marchands ; 4°. Les artisans, les laboureurs, et ce qu'on appelle communément *le menu peuple.* Les prêtres sont nommés *Brames*, de Brama leur ancêtre ; quelque crime qu'ils commettent, ils ne peuvent être condamnés à mort ; dans quelques cantons ils deviennent rois ou rajas.

Benarès, ville considérable, située sur le Gange, dans un pays très-beau et très riche, est l'Athènes de l'Inde : il n'y a point de collèges ni de classes ; les maîtres sont dispersés dans la ville, ont chacun

cinq ou six disciples qu'ils instruisent en se pro-
menant dans les magnifiques jardins des faubourgs,
où les possesseurs se font un plaisir de les recevoir.
Les *Banéans* se marient de très-bonne heure, à
quinze ou seize ans au plus tard. Ceux qui en ont le
moyen font brûler les morts ; les femmes des grands
attachent un point d'honneur à se brûler avec
leurs maris.

Le Grand-Mogol tient sa cour à Dély sa capitale ; il a toujours autour de lui, dans la citadelle,
qui équivaut à une très-grande ville, une garde
de cinquante mille hommes de cavalerie ; l'infanterie est immense ; la garde de l'empereur est
composée de femmes arabes très-exercées, qui
ne sortent pas du sérail ; elles ont entre elles tous
les grades qui sont entre les hommes ; il y a, de
même, un conseil de femmes expérimentées qui
correspondent avec les ministres, vice-rois, gouverneurs ; elles portent le titre de leur emploi et
de leur province, de sorte qu'on peut les regarder
comme tenant les rênes de l'empire.

Outre l'armée de Dély, il y en a toujours une
aussi considérable à Agra, l'autre capitale ; en
outre, le moindre village a deux cavaliers et six
fantassins, qui sont comme les espions du gouvernement, auquel ils doivent rendre compte de
tout ce qui se passe. Toutes les villes ont des
garnisons.

Ce fut un petit fils de *Tamerlan*, nommé *Bubor*, qui fonda l'empire des Mogols dans l'Inde, vers la fin du quinzième siècle; il détrôna le sultan *Ibrahim*, se mit à sa place, régna trente-deux ans avec gloire, et laissa pour successeur *Homajûn*, son fils, qui se soutint pendant vingt-six ans sur un trône ébranlé par de fréquens orages, et mourut d'accident.

Parmi ces empereurs on distingue *Shah Johan*, le Salomon des Mogols; il avait de grands défauts, mais il ne cessa jamais de rendre justice; il aurait régné tranquillement sans les troubles de sa cour, occasionnés par sa mollesse à l'égard de ses enfans; ils étaient au nombre de quatre : *Aureng-Zeb*, un d'entr'eux, à force de ruses et de violences, tant contre ses frères que contre son fils et son propre père, s'empara du pouvoir suprême, et finit par obtenir la bénédiction paternelle de Shah Johan, qu'il tint enfermé dans une prison où il mourut; il fit périr ses trois frères; il mourut à quatre-vingt dix ans, laissant des trésors immenses.

Le règne de *Mohamed Shah* fut signalé par un grand événement, qui produisit les plus grands malheurs. *Thamas-Koulikan,* qui règnait en Perse, appelé par *Nizam,* ministre tout puissant du grand Mogol, se présenta devant Dély, après avoir pris toutes les autres villes sur son passage, y entra, moins en conquérant qu'en ami, y fut assailli par une populace révoltée. Thamas, connu par cette expédition sous le nom de *Nadir Shah*, livra la ville à ses soldats; il en coûta, dit-on, un million d'hommes aux états du Mogol, et une contribution d'environ cinq milliards; *Mohamed Shah* mourut en 1748; il avait fait payer bien cher à ses sujets son orgueil et son indolence.

FIN.

MÉMOIRE

SUR

L'ILE SAINT-DOMINGUE.

L'ÉDITEUR

AU PUBLIC.

Il est des Mémoires utiles, dont les circonstances commandent impérieusement la plus prompte publication; tels sont les deux suivans; ils roulent sur des sujets d'une utilité générale. On ne peut parler des îles de Corse et de Saint-Domingue, sans éprouver soi-même un vif intérêt, qu'on est sûr, j'ose le dire, de communiquer à ses lecteurs.

Je sais que des Mémoires sur la partie économique ne paraissent point, au premier coup-d'œil, devoir être mis dans un même livre à côté des Mémoires politiques; mais je pense aussi qu'il en est d'un ouvrage où sont déposées les conceptions de l'esprit humain, comme des ouvrages de la nature ; les contrastes leur donnent quelquefois un nouvel attrait.

Ces deux Mémoires font partie des Œuvres inédites d'un homme célèbre, qu'il sera bien facile de deviner : ils furent présentés au gouvernement.

On ne saurait, à mon avis, communiquer trop tôt des vues qui peuvent être avantageuses. D'ailleurs, les plus célèbres Editeurs d'ouvrages, dans les premiers temps de l'imprimerie, n'ont-ils pas recueilli en un seul et même volume différens traités sur des sujets absolument étrangers entr'eux ? On perd une brochure et l'on conserve soigneusement un livre.

MÉMOIRE

SUR

L'ILE DE SAINT-DOMINGUE;

Concernant les améliorations qu'on pourrait faire dans la partie française de cette île.

L'ILE Saint-Domingue est susceptible d'améliorations, en se bornant à ne considérer ici que celles qui dépendent d'un plus grand déloppement de ses productions physiques ; cette vérité est assez frappante pour qu'elle ne mérite pas une discussion ; et, à dire le vrai, il n'existe pas un seul pays à qui elle ne puisse convenir du plus au moins ; mais si nulle part encore on n'a pu parvenir à tirer le parti convenable des productions naturelles, du moins celles de première nécessité y ont toujours été soignées de préférence, et par une obstination raisonnée on est parvenu à surmonter des difficultés qui paraissaient d'abord insurmontables : la nécessité a naturalisé sous certains climats des productions que la nature leur avait refusées : l'abondance a occasionné la population ;

celle-ci a développé l'industrie, parce qu'il est de fait que c'est des productions naturelles d'un pays que les autres, en quelque manière, dépendent.

Qui croirait que dans l'île Saint-Domingue les prairies manquent absolument, et par conséquent le bétail nécessaire à la nourriture des colons, tandis que dans la même île les Espagnols, nos voisins, font de cet objet une branche assez considérable de leur commerce? D'où cette différence frappante peut-elle provenir? la nature du sol pourrait-elle seule en être la cause! La situation relativement aux montagnes, ou bien la rareté des rivières influeraient-elles assez puissamment pour interdire, dans la partie française, la multiplication du bétail; ce défaut de réussite ne tiendrait-il pas au génie des colons, au défaut de tentations, et à une insouciance d'autant plus condamnable, qu'elle tient en quelque sorte les Français de cette colonie sous la dépendance de leurs voisins, et toujours à la veille d'une privation absolue d'un objet de première nécessité.

On doit d'autant plus se le persuader qu'on ne peut se dissimuler que les Espagnols, plus portés que les Français aux détails de la vie pastorale, ont réussi à multiplier le bétail dans toutes leurs possessions, et que la partie française de Saint-Domingue en était aussi peuplée que celle qui leur appartient, avant que l'esprit du commerce se fut

fixé sur d'autres objets. Quand mêmes les prairies
qui prospèrent chez les Espagnols ne pourraient
réussir dans la partie française, ne pourrait-on
pas réussir à introduire, ou à substituer d'autres
végétaux à la place de ceux à qui on voudrait
donner la préférence? Quelques tentatives faites
avec attention sur un objet si important, si digne
de l'attention publique, ne procureraient-elles pas
bientôt des lumières suffisantes et absolument nécessaires avant de se décider? mais de qui doit on
attendre ces notions, si ce n'est des ordres éclairés du gouvernement et de l'obstination soutenue
de ses tentatives, qui est hors de la portée d'un
simple particulier?

Après cet objet de première nécessité vient ensuite l'amélioration des cultures, dont la colonie
tire sa prospérité et l'état son approvisionnement.
Y a-t-il eu des changemens faits dans cette partie,
que dis-je? même de légères tentatives? l'imitation a généralisé les procédés dans toute l'étendue
des possessions françaises ; ce qu'on a pratiqué au
commencement on le pratique encore. Il est donc
aisé de sentir ce que l'expérience éclairée peut
encore procurer de nouvelles connaissances, soit
par l'augmentation des récoltes, soit par celle de
la qualité ; et quelles ne seraient pas les conséquences de la réussite dans l'un ou l'autre objet !
Les colons reconnaissent si fort la nécessité de ces

expériences, que quelques-uns d'entr'eux se sont déjà adressés à M. le comte de la Luzerne, leur gouverneur, pour lui demander une personne qui en fut expressément chargée.

L'esprit d'imitation qui paraît s'être fixé dans toute l'étendue comprise entre les tropiques, n'a pas encore permis à ses habitans de profiter des découvertes utiles et des pratiques usitées ailleurs avec succès. La greffe est inconnue dans l'île Saint-Domingue, ou du moins, ce qui revient au même, elle n'y est pas pratiquée ; contens de manger les fruits produits par des sauvageons, ils ont négligé la bonification des espèces et la perfection qu'ils pouvaient aisément donner à leurs fruits ; ce qu'ils ont fait ici ils l'ont fait en toutes choses : en imitant servilement les procédés établis avant eux, ils n'ont pas fait un seul pas pour augmenter les produits de leurs terres, de même que ceux de leurs fabrications. Combien la fabrication du sucre et celle de l'indigo n'aurait-elle pas à gagner entre les mains d'une personne instruite et zélée ? ce n'est que par conjecture qu'on se hasarde à l'avancer ; mais les défauts que l'on trouve dans tant d'autres parties, quoique plus à la portée générale, permettent d'augurer beaucoup, surtout si on réfléchit sur le genre des personnes à qui ces travaux sont réservés.

On doit espérer que le commerce en général

gagnerait beaucoup des recherches qu'un naturaliste ferait dans cette île ; outre les bois de teintures
que l'analogie doit y faire soupçonner, on recueil-
lerait cette variété étonnante de gommes et de
résines dont les forêts du pays foissonnent, et qui
ont resté jusqu'à ce jour sans emploi ; on pourrait les substituer aux substances analogues dont
on use, qui sont étrangères et rares quelquefois ;
cette découverte serait utile à la fois à la colonie
et au commerce national.

La gomme élastique serait maintenant un objet
de consommation, si on pouvait en faire des four-
nitures considérables et régulières ; la chirurgie,
les arts l'employent utilement ; et si cette production était moins rare, on lui verrait bientôt prendre toutes les formes sous les mains industrieuses
de nos artistes, et céder à la fois à des usages économiques, physiques et médicinaux.

On devrait y tenter aussi l'introduction des épi-
ceries, telles que la canelle, la muscade, le gé-
rofle et le poivre ; ce dernier a été cultivé, suivant
le père Labat, dans une des Antilles, et sans les
malheurs de la guerre, qui dévastèrent cette culture naissante, elle serait peut-être maintenant
une source non moins étendue de la prospérité
publique.

Le gingembre, le curcuma, l'ipécacuanha sont
des objets à élever ou à introduire et à multiplier

dans le pays; la vanille, dont la consommation est si forte de nos jours, pourrait aussi se découvrir et s'y propager; il serait de même de la cochenille, avec des précautions dont le soin ne peut être abandonné à des mercenaires qu'après avoir été un objet d'étude sérieuse pour un naturaliste. Pour multiplier cet insecte, il faut d'abord connaître le climat auquel on veut le naturaliser, et l'expérience est le seul moyen de déterminer les véritables époques de ce travail.

L'olivier, cet arbre précieux qui est un bienfait du ciel pour les provinces qui le possédent, devrait être transporté en Amérique; il existe dans cette partie du monde une espèce du même genre, *Olea americana*, dont les fruits secs et arides ne sont d'aucune utilité; mais on pourrait y greffer les belles espèces de la Provence et du Languedoc, et multiplier par ce moyen un arbre précieux, dont la culture s'appauvrit tous les jours, et avec d'autant plus de raison qu'en Amérique il est plus difficile qu'ailleurs de remplacer l'huile par le beurre.

Après tous ces objets, que nous croyons assez importans pour exiger seuls les fonctions d'un naturaliste, j'en joindrai un autre qui, de l'aveu des savans, mérite aussi quelque considération. Ramasser et réunir dans un jardin toutes les productions végétales de nos colonies d'Amérique, verser

dans les jardins du royaume tant d'espèces précieuses qui ne sont connues que dans des herbiers,
décrire tout ce qui ne l'a pas été, suivre d'un
même pas toutes les parties de la zoologie, s'instruire de la minéralogie du pays, telles seraient
en un mot les fonctions d'un naturaliste dans cette
colonie ; il trouverait encore de quoi s'exercer
dans tant d'objets différens, dont les premières
notions manquent, et dont l'utilité et l'application se manifestent aux yeux d'un homme exercé.

F I N.

MÉMOIRE

SUR

L'ILE DE CORSE.

MÉMOIRE

SUR

L'ILE DE CORSE,

Concernant des observations physiques à établir dans cette île.

———————

Les avantages que la société a retirés jusqu'ici des travaux des naturalistes, les découvertes précieuses dont l'application est si sensible à la physique, la médecine, les arts et le commerce nous font espérer que le gouvernement éclairé sous lequel nous avons le bonheur de vivre sentira l'importance et la nécessité de l'établissement de pareilles fonctions dans l'île de Corse.

Cette île, à qui la nature n'a presque rien refusé de ce qui peut contribuer à l'étendue de ses productions et par conséquent de son commerce, est un champ vaste d'observations qui n'a pas encore été défriché. La tranquillité dont jouit actuellement cette île, la parfaite sécurité avec laquelle on peut voyager dans son intérieur, sont autant de circonstances heureuses qui ne permettent point de différer plus long-temps l'exécution d'un projet que le ministère avait conçu, et qui ne fut différé

qu'à raison des troubles encore mal éteints qui
s'opposaient au libre exercice des fonctions du
naturaliste qui en était chargé. Ce sont ces fonctions importantes dont nous demandons le renou-
vellement : quelques réflexions nécessaires au
développement de mon plan mettront à même
d'apprécier son dégré de bonté et d'utilité.

L'agriculture mérite à juste titre les premières
considérations ; on sait aujourd'hui combien elle
a tiré de ressources des travaux des naturalistes
qui s'en sont occupés ; rien ne contribue plus en
effet à la perfection de l'agriculture, et de toute
l'économie rurale , qu'une étude réfléchie et ex-
périmentale des fossilles de chaque contrée, et
du rapport qu'ils ont avec les végétaux et les minéraux qui s'y trouvent : plus les expériences seront nombreuses, faites en divers lieux et en différens temps , plus les conclusions qu'on en tirera
seront elles certaines et utiles. Connaître la différence des terres qui constitue celle des terroirs,
comparer leurs propriétés par celles des productions, c'est le seul moyen de marcher à pas sûrs
dans une route où bien des gens s'égarent, parce
qu'ils manquent de ces lumières, et qu'ils ne sont
conduits le plus souvent que par l'usage et les préjugés qui , presque toujours, sont des mauvais
guides.

Outre cette source intarrissable de biens que

l'agriculture nous promet, la terre nous offre encore une variété immense de végétaux dont certains servent à des usages économiques et médicinaux, et peuvent parconséquent devenir autant d'objets de consommation et de commerce. S'agit-il de corriger les fréquens dérangemens de notre frêle machine ? La providence ne semble avoir semé les végétaux avec tant de profusion autour de nous que pour nous indiquer sans doute qu'ils sont plus appropriés à nos maux. Le plus grand nombre des arts ne serait-il pas bientôt réduit à l'impuissance et à l'inaction, si on ne substituait le plus souvent avec succès des substances analogues à celles que la nature a refusée au climat ? les manufactures pourraient-elles se soutenir long-temps si des substances uniques et bornées à un climat pouvaient seules les alimenter ? C'est au botaniste seul qu'il est réservé de reconnaître, par les analogies ou affinités des plantes, quelles sont celles qu'on peut substituer par-tout les unes aux autres pour ces importantes fonctions ; quelles sont celles qui doivent être dénoncées comme pernicieuses, avant même qu'un malheureux hasard ou une criminelle expérience les ait décelées pour être funestes. Un coup d'œil expérimenté suffit pour prononcer dans un pays inconnu ; c'est ici un fruit qu'on peut manger, là un légume bon à cuire, là une semence ou une racine farineuse propre à faire du pain dans la nécessité, ici ce sera un remède qu'on ajoute à tel autre déjà connu, ou une substance analogue à telle autre qui manque, là enfin un poison affreux dont il faut retirer la main.

On a senti de tout temps l'importance de la conservation des forêts ; néanmoins, quoiqu'elles ayent toujours été regardées comme le bien propre de l'état, et administrées en son nom, on s'aperçoit depuis quelque temps que le nombre et l'étendue des forêts, ont beaucoup diminué en France, quoique l'état se soit bien trouvé de la méthode des défrichemens ; puisque c'est une règle d'expérience que la culture des terres est dans un pays en raison du nombre de ses habitans, il serait à désirer qu'on fit plus d'attention à la réparation des forêts, sur-tout dans l'île de Corse, où toutes les landes ne sont pas encore défrichées. L'état pourrait trouver dans cette île une grande ressource pour ses constructions maritimes, et l'abondance de résine, qui est un défaut qu'on reproche à ses bois, n'est pas absolument sans remède : cet objet important est encore dans la classe de ceux qui doivent être soumis à l'inspection d'un observateur naturaliste.

Il ne suffit pas de considérer seulement les productions végétales propres à l'île de Corse, et d'en retirer tous les avantages qu'on peut en espérer, il faut aussi tenter d'autres cultures étrangères, dont le succès ne manquerait pas de l'enrichir; toutes les analogies concourent à prouver, par exemple, que la culture du coton du levant peut être entreprise dans la Corse, l'expérience même n'a pas démenti cette assertion; mais il est dans cette entreprise des difficultés qui ne peuvent être applanies que par la vigilance et les vues d'un naturaliste; on nous a même assuré qu'il existe dans cette île quelques plantations de coton; dans ce cas cette culture n'a besoin que d'encouragement et de l'activité d'un homme instruit, qui s'assure par des expériences réitérées sous divers sols et diverses expositions, quelles sont celles qui lui sont les plus favorables. Dans des entreprises de cette nature ce n'est que par la démonstration qu'on peut espérer de vaincre la sage défiance des cultivateurs, et leur inspirer ce zèle actif qui n'est excité que par un intérêt positif, et qui même, dans certains cas, a besoin d'être modéré.

Nous croyons aussi, fondés sur des raisons plus fortes que des probabilités, que la culture du thé de la Chine réussirait dans l'île de Corse. Quoique l'épreuve n'en ait pas été encore tentée, on a de fortes raisons de le croire, puisque cet arbuste vit en plein air sous le climat de Paris, malgré le froid excessif des hivers. Ce n'est donc pas trop présumer que de prévoir la réussite de cette plantation, si le gouvernement veut jamais l'entreprendre;

le bien qui en résulterait n'est pas borné à l'île de Corse ; on sait combien l'usage du thé s'est multiplié en France, et combien il serait avantageux qu'une de nos provinces put fournir à cette consommation, qui fait sortir du royaume plus de quatre millions en argent tous les ans.

Nous nous bornons aux deux objets qui véritablement sont les plus intéressans, mais nous ne croyons cependant pas qu'on doive négliger l'exploitation des autres richesses négligées jusqu'à ce jour et que la nature prodigue dans cette île, telle que la gaude, la racine de garance, lerscille, le safran, objets considérables de consommation et parconséquent de commerce.

Nous vivons des productions de la terre, nous et tous les animaux à qui nous devons la subsistance, puisqu'ils nous servent ; nous trouvons dans les plantes des remèdes à nos maux, nous en tirons l'aliment direct ou indirect de tous les arts, tant de nécessité que de luxe ; voilà sans doute l'objet le plus important de la mission d'un observateur naturaliste ; mais il en est encore une autre que d'une part la convention des hommes, de l'autre la considération de beaucoup de services réels doivent nous faire considérer immédiatement après. Dans l'état actuel de la société, les connaissances minéralogiques sont devenues d'une nécessité absolue ; la consommation des métaux assure aux pays que la nature en a pourvu, une autre source de richesses qui même, dans certains cas, peut remplacer le manque d'agriculture. Outre ces métaux précieux qui peuvent représenter tous les biens, la terre en renferme d'autres qui, privés d'une valeur arbitraire aussi disproportionnée, nous rendent cependant des services plus essentiels; le fer, le cuivre, l'étain, le plomb, sont chez les hommes d'un usage indispensable; l'or et l'argent sont les représentans du travail, et ceux-là en sont les moyens. On sait que l'île de Corse est riche en minéraux de toute espèce, mais on n'y a pas établi encore une suite d'observations assez complette pour évaluer au juste, ou par approximation, leur qualité, leur quantité, la facilité ou les avantages de leur exploitation; ce travail est si utile et si nécessaire qu'on ne doute pas que le ministère, convaincu de son importance, ne se hâte de l'ordonner.

La recherche des sables des rivières, l'analyse des eaux métalliques, l'inspection de la superficie des terrains qui couvrent les mines, celle de la fouille ou de l'éboulement spontané des terres, la considération de leurs lits, l'analyse des matrices, tout en un mot exige dans cette partie un homme instruit et exercé. Il y a plus, une suite de terres, de sables, d'argilles, de cailloux, de marbres, d'ardoises, de charbons de terre, faite soigneusement, peut suffire, sans autre considération, à déterminer la constitution intérieure et extérieure des pays où on les aura collectés, et nécessiter les conséquences utiles qui doivent être le fruit de toutes les richesses ordonnées par un gouvernement éclairé.

L'inspection des fossilles, proprement dits, peut être regardée comme le luxe de la partie érictologique; cette connaissance a, en effet, avec nos besoins, des rapports assez éloignés; mais elle ne doit pas être entièrement négligée, puisqu'elle peut contribuer à éclaircir la théorie physique du globe terrestre, dont les académies savantes se sont toujours occupées avec tant d'ardeur. Il serait utile, pour le même objet, d'observer la hauteur des montagnes, leur direction, leurs angles rentrans ou saillans, le degré d'inclinaison de leur plan, l'inégalité de leurs groupes, leur hauteur perpendiculaire au-dessus du niveau de la mer, la fertilité ou la stérilité de leurs couches; la qualité, la position respective de leurs stratifications intérieures, découvertes accidentellement par la profondeur des ravins qui les coupent.

Il serait enfin utile d'établir en Corse une suite d'observations météréologiques, qui prêteraient aux précédentes une nouvelle clarté; il importerait de tenir un registre exact des variations de l'atmosphère, de ses différences spécifiques de pesanteur, des divers degrés du froid, de chaud, d'humidité et de sécheresse, de la direction de la force et de la durée des vents, de la quantité des eaux tombées du ciel par année, de l'abondance ou de la rareté des rosées, des orages, des tempêtes, pour sentir combien ces différentes observations se concilient et s'éclairent naturellement. Cet ensemble, quoiqu'il ne puisse être aperçu que par des yeux accoutumés à bien voir, est pourtant la partie la plus essentielle à saisir, puisque c'est d'elle que dépendent la connaissance des rapports, les vues en grand, et la somme des conséquences utiles.

FIN.

MÉMOIRE
SUR
LA GUYANE.

NOTICE PRELIMINAIRE.

Je termine cette collection de Mémoires économiques et politiques par
un Mémoire concernant la Guyane;
des particularités sur un pays si célèbre
pour tant de motifs, exciteront dans
tous les temps un vif intérêt : on pourrait, sous beaucoup de rapports, lui
appliquer ce passage d'un auteur très-
connu sur l'ancienne Grèce : *On n'y saurait faire un pas, sans y marcher sur une
histoire.* La Guyane rappelle des souve-
nirs tout récens, auxquels peu d'ames
sensibles, peu de familles sont étrangères : on y cherchera, dans des temps
plus calmes, la trace des pas de tant
d'illustres victimes qui, pour l'hon-

neur de l'humanité , n'ont fait qu'y passer.

Ce Mémoire m'a paru présenter des vues et des renseignemens utiles; il tient à un fait historique, l'un des plus marquans dans les annales des colonies, trop souvent arrosées de sang ou de larmes, par suite de fausses mesures ou de spéculations mal entendues : il est suivi d'une lettre apologétique de M. le chevalier Turgot à M. le duc de Choiseuil, au sujet de sa mission à la Guyane. Outre les détails intéressans qu'elle renferme, on y trouve le grand caractère d'un homme aussi recommandable par son intégrité que par l'étendue de ses connaissances. Ces deux pièces sont imprimées sur une copie fidèle que j'ai sous les yeux.

MÉMOIRE

SUR L'ÉTABLISSEMENT
D'UNE NOUVELLE COLONIE
A LA GUYANE.

LES malheurs qui ont accompagné le nouvel établissement commencé à la Guyane, ne sont que trop connus. Le plus funeste de tous avait été la maladie contagieuse, qui de plus de six mille personnes rassemblées au camp de Kourou, n'en avaient laissé qu'environ douze cents. Les Islets, auxquels M. de Chanvalon avait donné le nom *des Islets-du-Salut*, et sur lesquels plusieurs milliers d'hommes étaient restés déposés, avant qu'on pût les placer sur le continent, avaient essuyé le même fléau.

La maladie avait été précédée et accompagnée de la plus extrême misère et de toutes les circonstances qui peuvent la rendre plus cruelle. Les tentatives qu'on avait faites au mois de septembre pour placer enfin quelques personnes sur des terrains à défricher le long de la rivière de Kourou, n'avaient abouti qu'à les faire périr, éloignés de tous secours, et plongés dans toutes les horreurs du désespoir.

C'est dans cet état que M. le chevalier Turgot (1), à son arrivée à Cayenne, trouva la colonie. Il y aurait certainement de l'injustice à n'imputer qu'à la mauvaise conduite de celui qui avait dirigé l'établissement (2), des malheurs dont une partie étaient peut-être inévitables.

On peut appliquer ici une réflexion qu'on a déjà faite en sa faveur, c'est que quand il aurait fait tout ce qui était en son pouvoir, les maux de la colonie eussent encore été extrèmes ; le seul moyen de les diminuer eût été de diminuer l'engorgement des hommes, et malheureusement les mesures prises pour y parvenir ont été très-lentes et suivies du plus triste succès.

On va entrer sur cela dans quelques détails, et l'on croit même nécessaire de dire quelque chose du plan_général de l'établissement de la colonie, pour fixer les idées à ce sujet et mettre en état de porter un jugement sur les détails de l'exécution.

____

(1) Tout le monde connaît la mission de M. le chevalier *Turgot* à la Guyane, dont le principal objet était de vérifier sur les lieux la conduite de M. de Chanvalon ; mais peu de personnes ont eu connaissance des peines secrètes et de la disgrace qu'elle lui causa ; le détail en est consigné dans une lettre qu'il écrivit à M. le duc de Choiseuil : elle se trouve à la fin de ce Mémoire.

(2) M. de Chanvalon.

Le projet proposé par M. de Chanvalon, de former dans la Guyane une colonie de blancs, a été regardé par bien des personnes comme entièrement contraire à la nature du climat, et l'événement semble avoir confirmé ce préjugé. Quelques exemples paraissent cependant prouver que les Européens peuvent, même dans la Zone Torride, soutenir assez bien des travaux aussi considérables que ceux qu'exige l'exploitation des terres. Le système d'une population nationale et libre, aurait eu l'avantage de procurer à la France, dans l'Amérique, un établissement plus capable de résister aux attaques étrangères, et plus propre à fournir des ressources pour la conservation des autres colonies, que le système d'une population d'esclaves toujours précaire. D'ailleurs, l'esclavage en lui-même répugne si fort à l'humanité, qu'il était bien naturel de saisir avec avidité la proposition de s'en passer.

Il est cependant certain que si dans l'établissement d'une colonie, on n'a d'autre objet que d'assurer promptement à la Métropole les retours d'un riche commerce, par la production des denrées précieuses propres aux colonies méridionales, il est impossible d'atteindre à ce but sans employer le travail des esclaves; il est aisé de le faire sentir : les Colons ne peuvent acheter les denrées de la Métropole qu'avec leur revenu ; ce revenu ne peut provenir que de la vente des denrées de la colonie.

Ce qu'un cultivateur fait produire à la terre, pour sa propre consommation, a pour lui une valeur d'usage très-précieuse ; mais c'est la valeur vénale et la vente effective du surplus de la production sur la consommation du cultivateur, et sur ce qu'il est obligé de réserver pour la reproduction de l'année suivante, qui donne la naissance au revenu, lequel n'est autre chose que l'excès du produit des ventes sur la totalité des frais, de quelque espèce qu'ils soient. Les denrées ne peuvent se vendre que sur les lieux ou au-dehors; on ne peut vendre sur les lieux qu'autant qu'il se trouve un assez grand nombre de consommateurs qui manquent de là denrée offerte ; ce qui suppose d'autres hommes que des propriétaires cultivateurs, et une population déjà nombreuse, occupée à tous les emplois différens de la société.

Il est évident qu'une semblable population n'existe pas dans une colonie naissante, et que par conséquent le cultivateur ne peut vendre qu'au dehors l'excédent de ses récoltes; mais, pour vendre au-dehors, il faut pouvoir suivre le cours du marché général, et donner sa denrée à aussi bas prix que ses concurrens; et , pour vendre à aussi bas prix , il faut pouvoir cultiver à aussi peu de frais. Or, il est démontré impossible qu'on cultive, dans une colonie, avec des hommes libres, à aussi peu de frais, qu'avec des esclaves. La raison en est simple : on ne travaille pas pour autrui, quand on peut, avec plus de profit, travailler pour soi.

Dans un pays où les terres n'ont point encore de maîtres, un homme libre peut, sans beaucoup de peine, cultiver assez de terre pour se nourrir, et jamais il ne se réduira à travailler pour autrui, en se contentant d'un modique salaire. Or, quelque modique que fût ce salaire, il serait toujours infiniment plus cher que ce que coûte le travail des esclaves ; il serait donc impossible qu'on pût monter et soutenir dans une colonie une grande exploitation avec des hommes libres, parce que leur travail étant excessivement cher, il serait impossible de soutenir, dans la vente des denrées, la concurrence des colonies à nègres.

Des hommes nouveaux, qui s'établissent dans un pays nouveau, ne doivent et ne peuvent avoir d'autre objet que d'y vivre ; ce n'est que dans la suite des temps, lorsque toutes les terres sont enfin cultivées et ont des maîtres, que les progrès de la population créent une autre classe d'hommes qui, n'ayant point de propriété à eux, sont forcés de travailler pour autrui, et satisfont, par leur travail, à tous les besoins d'une grande société ; la concurrence de ces hommes fait baisser le prix du

travail, et la colonie se met enfin par dégré au
niveau des anciennes nations commerçantes; on y
voit le revenu renaître annuellement par la dépense que font les propriétaires de ce même revenu; lequel, après avoir vivifié toutes les classes
de la sociétè, revient à la terre pour se reproduire
l'année suivante , et recommencer toujours le
même cercle.

C'est par des hommes qui cherchaient un asile
où ils pussent vivre , que les colonies anglaises de
l'Amérique septentrionale se sont peuplées; et
c'est par le seul effet du travail de ces hommes
rassemblés qu'elles se sont accrues avec le temps,
qu'elles sont devenues une des principales sources
des richesses de la nation anglaise, et qu'elles ont
formé dans l'Amérique cette masse formidable de
puissance, qui menace de l'enlever toute entière
aux autres nations. Cet exemple pouvait faire désirer de tenter un établissement sur les mêmes
principes dans la Guyane, qui, se trouvant située
au vent de nos autres colonies, aurait pu, dans la
suite, devenir en quelque sorte leur magasin en
temps de paix, et leur appui en temps de guerre.

Une population blanche dans cette partie du
nouveau monde, ne pouvait avoir d'autre point
de vue, et le projet de faire entrer une colonie
de cette nature en concurrence avec la Martinique et Saint-Domingue pour le commerce des

mêmes denrées, eût été certainement un projet mal combiné. Quant à l'utilité que l'état aurait retirée du succès d'un établissement formé uniquement dans des vues de population, on est persuadé que cette utilité aurait été réelle, mais cette question serait l'objet d'une discussion assez étendue, dans laquelle il paraît inutile d'entrer.

. Ce projet étant adopté, sa réussite devait dépendre de la juste combinaison des moyens avec le but et avec les circonstances locales.

Ce fut peut-être une première faute et une fausse combinaison que d'avoir partagé ceux qui devaient passer à la colonie en deux classes : celle des habitans porteurs de fonds ou concessionnaires, et celle de simples cultivateurs. Les premiers devaient obtenir des concessions proportionnées aux sommes qu'ils portaient; les autres, qui ne portaient que leurs bras, devaient travailler pour le compte des concessionnaires.

Ce système péchait par ses deux fondemens : ceux des concessionnaires qui portaient le plus de fonds, n'en avaient point assez pour monter à prix d'argent la plus petite exploitation, s'il eû fallu employer ce qu'ils avaient apporté au paie ment du salaire des cultivateurs, leurs fon eussent certainement été consommés long-tem avant que leur terrain eût pu être en état (produire. D'ailleurs, il s'en fallait beaucoup q

ceux qui étaient venus à titre de cultivateurs,
eussent renoncé à l'espérance d'avoir du terrain en
propriété, et se fussent expatriés pour vivre à la
journée. Cette foule d'hommes qu'on avait engagés
en Allemagne ne s'attendaient nullement à un
pareil sort qui ne leur avait point été annoncé ;
et si l'on fesait dépendre la concession des terrains de la quantité d'argent que l'on aurait porté
dans la colonie, plusieurs d'entr'eux n'y auraient
pas eu moins de droit que la plupart des prétendus concessionnaires ; car quelques-uns de ces
allemands avaient porté avec eux beaucoup plus
d'argent que n'en avaient déposé une grande partie
de ceux que M. de Chanvalon avait inscrits sur ses
registres.

Ainsi, d'un côté les concessionnaires n'auraient
pas eu de quoi payer les cultivateurs, et de l'autre
les cultivateurs n'auraient pas voulu travailler
pour les concessionnaires. En exigeant de ceux-
ci qu'ils portassent des fonds à la colonie, et en
leur promettant des concessions proportionnées
à ces fonds, on ne leur présentait donc qu'une
espérance illusoire : il eût beaucoup mieux valu
annoncer à tous qu'ils auraient de la terre à cul-
ver, et qu'ils ne devaient fonder leurs espérances
que sur leur travail.

Chacun d'eux placé sur un terrain proportionné
à ses forces y eût vécu ; la terre y eût été cultivée ;

le pays se serait peu-à-peu rempli d'hommes, et les richesses seraient venues tôt ou tard à leur suite. Il ne fallait certainement pas rebuter ceux qui avaient de l'argent à porter, parce que cet argent aurait été très-utile pour eux et pour la colonie; mais il ne fallait n'y s'engager vis-à-vis d'eux à leur procurer un traitement différent de celui des autres, n'y exiger cet argent, comme une condition pour obtenir du terrain. M. de Chanvalon n'aurait point été alors dans le cas de s'en rendre dépositaire et de compromettre par là sa réputation et la confiance publique.

Il serait à souhaiter qu'on eût pu faire ces réflexions avant que le gouvernement se fût laissé engager dans cette fausse route; elles sont tardives aujourd'hui, l'on en convient, mais on les présente parce qu'elles servent à donner une idée juste de l'entreprise, et parce que l'objet de ce Mémoire n'est ni d'amuser ni de justifier personne, mais uniquement de dire la vérité.

Indépendamment de cette première difficulté sur la manière dont on distribuerait les terres aux colons, il y en avait d'autres inséparables du transport d'une nouvelle peuplade d'hommes dans un pays à défricher, et quelques-unes étaient augmentées par des circonstances particulières au climat de la Guyane.

Des hommes transportés dans un pays inculte

n'y trouvent que des besoins, et quelque travail qu'ils puissent faire pour défricher la terre, ils ne restent pas moins dénués de tout jusqu'à la première récolte. Il est donc nécessaire, avant tout, qu'il soit pourvu à leur nourriture et à leurs autres besoins, jusqu'à ce que leur travail ait pu y subvenir et qu'ils trouvent à leur arrivée dans le pays, ou un abri tout préparé contre les injures de l'air, ou des facilités au moyen desquelles ils puissent s'en procurer très-promptement.

A l'égard de la nourriture, le roi s'était chargé de faire distribuer aux nouveaux colons les vivres nécessaires pendant deux ans; et quant au logement, il avait été arrangé que le sieur Depréfontaine partirait au mois de mars 1763, avec quelques travailleurs auxquels on joindrait quelques nègres de l'ancienne colonie, pour faire des abbatis et construire des barraques ou cases propres à déposer, au moment du débarquement, deux mille hommes ou environ que M. de Chanvalon devait mener avec lui quelques mois après.

Les colons ne devaient demeurer dans ce dépôt que jusqu'à ce qu'on eût pu les disperser sur les terrains qu'on leur aurait destinés, et où ils se seraient eux-mêmes construit des cases avec le bois qu'ils auraient abattu pour leurs défrichemens; alors ils devaient être remplacés dans le dépôt par de nouveaux arrivans, qui auraient été à leur tour dispersés sur le terrain et remplacés par d'autres. C'est en conséquence de ce plan qu'il avait été convenu que M. le chevalier Turgot ne partirait qu'avec le second envoi, et après avoir reçu la nouvelle de l'établissement du premier.

Le parti de fournir aux dépens du roi pendant deux ans les vivres nécessaires aux nouveaux colons est infiniment dispendieux quand il faut tout porter d'Europe; et dans tout établissement de ce genre il serait très-avantageux de ménager les envois, de façon que le travail des premiers pût produire la quantité de vivres nécessaires, non-seulement pour leur subsistance, mais encore pour celle des envois suivans. Par cet arrangement le roi fournirait aux colons des nourritures et plus saines et infiniment moins coûteuses. De plus, l'achat fait par le roi aux premiers colons, du su-perflu de leurs récoltes, assurerait un débouché aux fruits des premiers travaux; et la dépense faite par le roi, en créant dans la colonie un re-venu dès les premiers instans de sa naissance, de-viendrait la source de son accroissement.

Un pareil plan exigerait que les premiers con-vois fussent faibles et devinssent chaque année plus considérable, à mesure qu'il y aurait déjà dans la colonie plus d'habitans et que leur cul-ture serait plus étendue, jusqu'à ce que la colonie fût en état de soutenir et d'augmenter par elle-même sa population.

Cette progression graduée dans les envois était encore plus nécessaire à la Guyane et dans les climats chauds en général, que dans les climats tempérés ou froids. Il serait excessivement dispendieux de transporter par mer un assez grand nombre d'animaux vivans pour fournir journellement de la viande fraîche à une nombreuse population, et il est absolument impossible d'y suppléer par de la viande salée dans les climats chauds de l'Amérique, où elle ne peut se conserver, et où son usage occasionne très-promptement des maladies putrides.

On ne peut douter que cette nourriture n'ait été une des causes de la contagion qui a fait périr tant d'hommes à la Guyane. Il est donc nécessaire que dans ces climats la population des bestiaux précède celle des hommes; et l'on ne doit songer à remplir le pays d'habitans, qu'après avoir jeté assez de bestiaux pour fournir à leur nourriture, sans être obligé d'épuiser les souches destinées à la multiplication de l'espèce. Il faut donc porter d'abord peu d'hommes et beaucoup de bestiaux, et proportionner ensuite les nouveaux envois d'hommes à l'accroissement du nombre des bestiaux.

L'opération eût pu d'autant mieux être con-

duite d'après ces principes, que l'ancienne colonie de Cayenne présentait une première base qu'on
pouvait faire servir avec avantage au nouvel établissement, en encourageant les anciens colons
par quelques secours et par l'assurance du débit,
à planter une quantité suffisante de vivres, et à
multiplier les bestiaux sur leurs habitations.

Le logement des colons à leur arrivée, et leur
distribution sur le terrain, présentait de très-
grandes difficultés, qui exigeaient aussi que les
envois fussent très-modérés pour le nombre et
très-exactement combinés pour le temps avec les
circonstances locales et l'ordre des saisons particulières au climat.

C'était déjà une chose très-difficile au sieur
Depréfontaine que de préparer un dépôt convenable et de faire construire des logemens pour y
placer deux mille personnes avec des magasins
suffisans pour contenir leur subsistance. Il n'y put
réussir que d'une manière très-imparfaite dans
l'espace de cinq mois qui s'écoulèrent entre son
arrivée et celle de M. de Chanvalon; mais la difficulté de placer ses hommes sur le terrain pour
vider cet entrepôt et le mettre en état de recevoir
les convois suivans, était encore plus grande dans
un pays comme la Guyane, où une grande partie des terrains sont couverts d'eau pendant plus
de la moitié de l'année; il est impossible de faire

aucune distribution des terres sans avoir reconnu avec beaucoup de soins leur position et comparé leur hauteur avec le niveau des plus grandes eaux, pour s'assurer quelles ne seront point noyées et qu'on pourra y communiquer dans la saison des pluies.

Il faut ou trouver cette reconnaissance faite d'avance, ou perdre beaucoup de temps à la faire. D'ailleurs, si l'expédition des convois n'a pas été combinée de façon que les nouveaux habitans arrivent dans la saison de l'année où ils peuvent s'établir, défricher et planter, non-seulement la première récolte est retardée d'un an, et le roi est par conséquent chargé de la nourriture des colons pendant un an de plus ; non-seulement l'argent du roi et celui que les colons ont apporté se consomment sans fruit, mais ce qu'il y a de plus triste encore, c'est qu'on est obligé de garder, en attendant la saison favorable, tous ces hommes dans le lieu du dépôt, livrés à l'inaction, à l'ennui, à tous les désordres que produit l'oisiveté parmi les hommes rassemblés, aux maladies que leur entassement dans un climat chaud et humide rend bientôt contagieuses. Si pendant ce temps les nouveaux convois arrivent, on ne sait où les placer : on est obligé d'entasser de plus en plus les hommes ; on est forcé d'en laisser une partie exposée à toutes les injures de l'air et aux intempéries du climat; chaque envoi redouble les embarras, la misère générale et la mortalité qui en est la suite.

Il est malheureux que toutes les dispositions de l'entreprise de Cayenne n'ayent pas été combinées d'après ces réflexions et d'après une connaissance approfondie des obstacles de tout genre qu'on avait à vaincre. Il faut avouer que cette combinaison ne pouvait guère être bien faite que par des personnes qui eussent acquis sur les lieux une connaissance parfaite des circonstances locales et des obstacles ainsi que des ressources qu'elles présentaient. Ce qu'il y eut de plus fâcheux, c'est qu'aussitôt que le dessein d'établir une colonie nouvelle à la Guyane eut été conçu, et avant qu'on eût eu le temps de combiner le plan et les détails de l'entreprise, on avait donné ordre d'engager dans différentes provinces, et sur-tout en Allemagne, une foule d'hommes pour la colonie.

Ces hommes, attirés par les espérances qu'on leur avait données d'un établissement avantageux, se rendirent en foule dans les entrepôts qu'on leur avait assignés dans différentes villes voisines de Rochefort, où ils devaient s'embarquer. On ne peut dissimuler que l'engorgement de ces premiers entrepôts, la dépense et l'embarras qu'ils occasionnaient, n'aient été une des causes de la trop

grande célérité avec laquelle on a pressé les em-
barquemens d'hommes coup-sur-coup , sans être
assuré du succès des premiers envois et de la possibilité de placer les nouveaux.

Ces causes générales des calamités de la colonie ne doivent être imputées à M. de Chanvalon
qu'à raison de la part qu'il peut avoir eue au projet de l'établissement et aux premières combinaisons formées pour son exécution.

LETTRE

DE M. LE CHEVALIER TURGOT,

A

M. LE DUC DE CHOISEUIL.

Paris , le 10 octobre 1765.

Monsieur,

La manière dont vous m'avez reçu dans les deux
audiences que vous m'avez données, a été si diffé-
rente de celle que j'avais lieu d'espérer, que je
me devais à moi-même de ne plus m'exposer à
des reproches si durs et si peu mérités, sans avoir
auparavant essayé de détruire les fausses impressions que vous avez prises contre moi : c'est l'objet
des détails dans lesquels je vais entrer. Ils sont
écrits depuis assez long-temps, et si j'ai différé à
vous les faire passer, c'est que j'ai cru plus à propos d'attendre le moment où je pourrais vous envoyer le compte raisonné, auquel je travaillais,
de l'affaire de M. Chanvalon. D'ailleurs, je ne vous
dissimulerai pas toute ma sensibilité sur la récep-
tion que vous m'avez faite : j'avais peut-être besoin d'en laisser affaiblir l'impression. Je sens
parfaitement tout ce que je dois au ministre du

roi; mais ce n'est pas sans effort qu'on peut s'entendre patiemment accabler de reproches, lorsqu'on croit n'avoir fait que ce qu'on a dû faire.

Je commence par ce qui concerne ma conduite, relativement à M. de Chanvalon. Le mémoire que je vous adresse aujourd'hui la justifiera pleinement; mais ma lettre du 9 juin dernier, dans laquelle je vous rendais compte de mes motifs, a dû, j'ose le dire, vous convaincre que j'étais autorisé, par mes instructions, et que je n'ai pas fait usage du pouvoir qui m'était confié, sans des motifs très-graves; or, si vous en êtes convaincu, vous ne pouvez, sans injustice, refuser de m'en rendre témoignage, et démentir les bruits contraires qu'on a répandus; ces bruits étaient si bien enracinés dans les esprits, que même dans vos bureaux j'ai trouvé des personnes à portée de vérifier à tout moment mes instructions, et cependant, persuadées qu'elles ne contenaient pas le pouvoir de faire arrêter M. de Chanvalon.

On a dit aussi que je ne devais pas faire usage de ce pouvoir; je demande pourquoi? mes instructions étaient-elles donc illusoires?

Quand il serait possible que je me fusse trompé sur la nature des faits qui m'ont déterminé au parti que j'ai pris, je ne devrais pas moins être justifié de l'imputation d'avoir passé mes pouvoirs. J'aurais fait à la vérité une faute; mais une faute d'un genre bien différent et bien plus excusable. L'évidence des faits m'a cependant garanti de cette erreur.

On me reproche encore de la précipitation, et l'on voudrait que j'eusse attendu la fin de l'instruction avant de faire un éclat. Je vous ai dit mes raisons pour en agir autrement. Si j'eusse laissé à l'intendant la liberté, pense-t-on qu'il n'en n'eût pas fait usage, pour supprimer tous ses papiers et éteindre les preuves qui en résultaient? L'impunité qu'il se serait assurée par là, n'était pas à mes yeux le plus grand inconvénient de cette suppression; ce qui devait me frapper davantage, c'est qu'elle pouvait compromettre le sort des concessionnaires, l'état des successions vacantes et les intérêts du roi, par l'incertitude de la situation de toutes les caisses, j'eusse cru être coupable de négliger aucun moyen de prévenir la perte des seuls titres qui pussent constater les droits de tant de malheureux, et ceux du roi.

Je n'ai jamais pensé que vous dussiez condamner M. de Chanvalon, sans lui donner les moyens de proposer juridiquement ses défenses; je n'ai ni fait ni dû faire son procès, ma commission était de recueillir, conjointement avec le procureur-général et le plus ancien officier du conseil supérieur, les plaintes formées contre lui; de dresser procès-verbal des dires des plaignans et de ses réponses;

de rassembler les pièces et renseignemens propres
à constater les faits et de vous en rendre compte,
pour mettre le roi en état de prendre un parti.
J'ai rempli cette commission, et ce sera à vous
d'examiner, d'après la nature et la gravité des
accusations et la force des charges, s'il est ou non
convenable qu'elles soient suivies par la voie de
l'instruction judiciaire; mais ce sur quoi je dois
appuyer, c'est que le parti que vous prendrez
sur la suite que vous voudrez donner à cette instruction, et l'événement qu'elle aura m'est absolument étranger. Quelque chose qui arrive, il sera
toujours vrai que j'ai rempli une commission dont
j'étais spécialement chargé; que j'ai usé des pouvoirs qui m'avaient été donnés, et que j'avais les
motifs les plus forts pour en user. La justice qui
m'est due à cet égard est indépendante du procès
qu'on peut faire, ou ne pas faire, à **M.** de Chanvalon. J'insiste sur ce point, et je dois y insister
avec d'autant plus de force, que je ne suis pas à
m'apercevoir de l'affectation avec laquelle on a
cherché à représenter toute cette affaire, comme
un procès entre moi et **M.** de Chanvalon, dans
lequel je serais l'accusateur et lui l'accusé : c'est
l'idée que lui et ses amis ont toujours cherché à
faire prendre du compte que je vous ai rendu dans
le temps de mes premiers soupçons, et des plaintes
qui étaient venues à ma connaissance.

Devais-je donc vous les taire ? devais-je trahir le roi, vous et la colonie en vous laissant ignorer les raisons que j'avais de douter de la fidélité d'un homme à qui le sort de tant d'hommes était confié ? N'était-ce pas pour moi une obligation indispensable de vous communiquer sans réserve ce que j'avais appris, et de vous engager à vérifier les faits ? et qu'ai-je fait autre chose ? Daignez prendre la peine de relire ma lettre du 2 février 1764, et vous verrez *que je ne vous donne mes soupçons que comme des soupçons, afin que vous en pesiez la valeur ; que vous preniez des mesures pour approfondir des faits encore douteux, et régler, d'après leur vérification, le degré de confiance qu'elle vous permettait de conserver pour l'intendant. J'ajoutais que ces soupçons détruisant nécessairement la confiance et l'union essentielle au succès d'une opération conduite par deux chefs, je croyais avantageux à tous deux et au bien du service, que si vous ne jugiez pas mes soupçons fondés, vous ne continuassiez pas de partager cette entreprise entre nous, et que vous vous déterminassiez à choisir l'un ou l'autre.* Je joignais même à cette réflexion, dont l'évidence saute aux yeux, toutes les raisons qui, si M. de Chanvalon était innocent, pouvaient déterminer votre choix en sa faveur.

Si j'eusse été partie contre M. de Chanvalon, je ne me serais pas chargé de vérifier les faits qui lui étaient imputés, et vous n'auriez pas dû m'en charger.

J'avais seulement rempli mon devoir en vous avertissant des soupçons graves qui étaient venus à ma connaissance, et dont la vérification importait au succès de l'opération qui m'était en partie confiée; je le remplis encore en vous rendant compte de la commission que le roi m'avait donnée. Comment ce compte me constituerait-il partie dans un procès? Je ne fais que rapporter, comme je le dois, ce que j'ai vu; le procès-verbal que j'ai dressé contient les défenses de M. de Chanvalon, aussi bien que les plaintes portées contre lui. Encore une fois, je n'ai rien à discuter avec lui, je réclame contre cette supposition, et contre les conséquences qu'on voudrait en tirer; si, d'après le compte que je rends, le roi jugeait convenable de faire faire son procès, il n'aurait d'autre parti que la partie publique.

Bien loin de demander sa punition, je serais au contraire le premier à solliciter la clémence de sa majesté en sa faveur.

J'aurais, à la vérité, vu avec quelque peine que vous eussiez entiérement laissé tomber cette affaire, non que j'eusse craint que cette espèce d'amnistie que vous auriez accordée à M. de Chanvalon eût jeté aucun nuage sur ma réputation, auprès de tous ceux dont je suis connu, mais

parce qu'il m'eût été désagréable de voir les cla-
meurs de M. de Chanvalon et de ses amis, auto-
risées en quelque sorte par vous.

Au reste, je n'ai jamais cru possible que vous
prissiez ce parti. Plusieurs particuliers sont dans
le cas de réclamer des fonds qui ont été confiés
à M. de Chanvalon; d'autres demanderont compte
des successions des personnes mortes à Kourou.
Depuis que je suis à Paris, plusieurs personnes
sont venues me trouver pour savoir à quel tribunal elles doivent s'adresser pour intenter les ac-
tions en réclamation qu'elles peuvent avoir à
exercer; je n'ai pu que vous les renvoyer. Il sera
indispensable d'indiquer à ces particuliers les
juges devant lesquels ils doivent se pourvoir; et
ce sera un des objets sur lesquels on aura à se
décider.

L'excessive confusion qui a régné dans l'administration des successions vacantes ne laisse aucun
moyen de prévoir si l'objet sera plus ou moins
considérable.

Peut-être que l'instruction judiciaire commen-
cée à Cayenne, tant contre les sieurs Nermand,
Rique et Collier, que contre M. de Chanvalon,
donnera plus de lumières. Cette procédure, dans
laquelle le sort de plusieurs accusés est en suspens,
ne paraît pas non plus de nature à rester sans
décision.

L'intérêt du roi se trouve aussi compromïs par le désordre dans l'administration des finances de la colonie et par l'impossibilité d'en mettre en ordre la comptabilité : j'ai fait ce qui dépendait de moi pour constater ce désordre; les précautions ultérieures à prendre pour mettre les intérêts du roi entiérement à couvert, s'il est possible; la conservation des droits des particuliers, la réparation que la vindicte publique et l'intérêt de l'état peuvent exiger, si les malversations sont en effet prouvées, tout cela ne regarde que vous.

Comme mon prétendu despotisme, dans la conduite que j'ai tenue avec M. de Chanvalon, n'a pas été le seul reproche que vous m'ayez fait, et que vous avez insisté sur quelques prétendus torts dont j'ai d'autant moins pu me défendre, que vous ne m'en laissez guère le temps, et que d'ailleurs mes réponses ne pouvaient pas être aussi vives que vos reproches; je vais entrer ici dans quelques discussions sur ces reproches, et sur ceux qu'on a affecté de répandre dans le public, tant avant qu'après mon arrivée.

J'ai su qu'on me fesait un crime de mon retour; je ne puis penser que vous ayez adopté ce reproche. Vous ne pouvez pas avoir oublié que vous avez approuvé la proposition que je vous fesais par ma lettre du 9 juin 1764, de faire un premier voyage à la colonie, uniquement *pour examiner son état, vérifier l'exactitude des récits, la conduite des personnes et le degré de confiance qu'elles méritaient; reconnaître la nature et les causes du désordre, et y apporter les remèdes provisoires que je croirais les meilleurs; de revenir ensuite vous rendre compte de ce que j'aurais vu...... Ma présence, ajoutai-je, me paraît absolument nécessaire à la colonie pour asseoir l'opération sur une base certaine, et mettre quelqu'ordre dans son état actuel. Elle ne sera pas moins indispensable en France pour achever de tout régler d'une manière définitive; ainsi, quelque fatigante et quelque désagréable que doive être pour moi une pareille course, je n'hésite pas à m'offrir...... Tout autre parti, vous disais-je encore, porterait le caractère de la précipitation ou de la lenteur; celui-ci est le seul qui puisse concilier la célérité qu'exige le besoin du moment, avec la prudence qui ne permet pas de se décider à la hâte, sur mille objets qu'on ignore.* Ces considérations vous parurent sans doute aussi fortes qu'à moi, puisque le préambule des instructions qui me furent données porte : « Que je me transporterai, » sans délai, dans la colonie, pour y examiner » tout par moi-même sur les lieux, et après y » avoir demeuré tout le temps nécessaire, revenir » rendre compte du tout à sa majesté, qui se ré- » serve, d'après les mémoires que je lui présen-

» terai, de statuer d'une manière définitive sur la
» forme qu'elle croira devoir donner à la colonie».

Puisque vous m'avez donné ces instructions,
vous n'avez pas pu être surpris de mon retour.

Après avoir passé quatre mois à m'instruire de la
situation de la colonie, à me mettre en état de
vous proposer les mesures convenables à la circonstance ; après avoir rempli les commissions
dont vous m'aviez chargé, et n'avoir rien épargné
pour apporter aux maux que j'ai trouvé faits, les
remèdes provisoires qui ont dépendu de moi, j'ai
cru mon retour en France plus utile à la colonie
que ne l'aurait été la prolongation de mon séjour,
et voici mes raisons pour le croire.

Je n'ai pas eu besoin d'un long-temps pour me
convaincre de l'impossibilité absolue de suivre le
plan d'après lequel l'entreprise avait été commen-
cée; je ne prétends nullement décider si l'établissement d'une population d'hommes blancs, ou
plutôt d'hommes libres, est compatible ou non
avec le climat de l'Amérique méridionale, et la
nature de ses productions; question susceptible
d'être agitée pour et contre, et dont la décision
peut varier, suivant le parti qu'on embrasse sur
le véritable objet d'utilité des colonies, et sur le
système général du commerce entre les nations;
mais je crois pouvoir assurer que le projet d'établir une colonie blanche dans la Guyane, en sup-

posant qu'il fut démontré possible et avantageux
à l'état, ne pouvait réussir par les moyens qu'on
avait pris ; dès les premiers pas on avait marché
dans une fausse route, en voulant faire tout à la
fois, lorsqu'il eût fallu au contraire agir avec
lenteur et circonspection, n'entreprendre d'abord
que très-peu, et faire suivre les premiers succès
de moyens pour s'en procurer de plus grands. On
avait engagé et rassemblé une très-grande quantité d'hommes avant d'avoir aucun plan formé ;
ces hommes étaient arrivés à la Guyane, sans
qu'il y eût ni logemens préparés pour eux, ni abbatis pour les défrichemens, sans qu'il y eût aucune proportion entre les envois d'hommes et les
secours qu'on pouvait tirer du pays, en vivres et
en bestiaux; il avait fallu apporter à grands frais
d'Europe des alimens de toute espèce, et une
partie de ces alimens (les viandes salées) n'avaient
servi qu'à hâter la naissance et les progrès de la
contagion.

Les colons, transportés à la Guyane, se trouvaient partagés en deux classes ; celle des habitans porteurs de fonds, auxquels on avait promis
des concessions de terrain proportionnées, qu'ils
devaient faire valoir avec ses fonds; et celle des
simples ouvriers ou cultivateurs, qui n'avaient
porté que leurs bras, et qui, cependant, comp-
taient aussi sur la propriété d'un terrain.

La totalité des fonds était un trop faible objet en comparaison du nombre des simples ouvriers. Pour qu'on pût imaginer de faire subsister ceux-ci de salaires, il fallait donc aussi leur donner des terres à défricher; et dès-lors ces hommes, occupés à la culture du terrain qui devait les nourrir, ne l'auraient pas abandonné pour gagner quelques salaires modiques. L'argent des porteurs de fonds devait ainsi se trouver sans emploi, et leurs concessions rester inutiles entre leurs mains.

A chaque envoi d'hommes l'engorgement augmentait et les difficultés redoublaient. Embarrassé de ceux qui descendaient à terre, et qu'il ne savait où placer, M. de Chanvalon avait pris le parti de laisser les derniers venus entassés sur quelques rochers stériles, qu'il avait appelés *les Iles du Salut*. Ceux qu'il avait déposés à Kourou n'étaient guère moins resserrés. Cet entassement, les mauvaises nourritures, la misère, avaient produit des maladies contagieuses, dont près de neuf mille personnes avaient été les victimes. La contagion s'était communiquée à l'ancienne colonie; elle s'était répandue sur les habitans, sur les nègres, et jusques sur les Indiens.

Ainsi, cette nombreuse population, qui semblait devoir du moins procurer à l'ancienne colonie l'avantage d'un débouché facile pour ces denrées, n'avait servi qu'à l'épuiser et à l'entraîner dans la ruine commune.

Dans des circonstances aussi tristes, il était évident que toutes les opérations qu'on ferait en suivant l'ancien plan ne pouvait qu'augmenter le désastre. Quand il n'y aurait eu d'autre obstacle que celui de la contagion, il devenait absolument nécessaire d'abandonner toutes les mesures prises pour envoyer dans la Guyane de nouveaux habitans, puisque c'eût été les envoyer à une mort presque certaine ; il fallait donc travailler sur un plan tout différent, se borner à sauver de la misère les hommes échappés à la contagion, et à en tirer le meilleur parti qu'il serait possible, pour former quelques établissemens nouveaux et soutenir les anciens ; se faire sur-tout un objet principal de secourir l'ancienne colonie et de la relever de ses pertes, afin de conserver du moins les anciens établissemens, puisque leur prospérité seule peut servir de base solide aux nouveaux, et fonder une espérance raisonnable de rendre utile au royaume la fertilité de cette contrée et les productions précieuses que la nature y a prodiguées.

Je ne pouvais opérer seul ce changement de plan et de mesures, qui exigeait un concert et une correspondance parfaite entre ce que je ferais dans la colonie et les ordres que vous donneriez en France. Il était indispensable que tout fût concerté avec vous; je devais vous instruire de l'état de la colonie, et vous proposer mes idées pour vous mettre en état de prendre un parti définitif. Le compte que j'avais à vous rendre de l'adminis-tration antérieure à mon arrivée, n'était pas moins important pour la colonie, puisqu'il s'agissait de faire cesser ou de perpétuer l'oppression dont elle était accablée.

Maintenant, Monseigneur, permettez moi de vous demander si vous pensez que je puisse vous présenter, par lettre, tous ces détails d'une ma-nière assez nette, assez précise, assez convaincante pour lever tous les doutes, toutes les incertitudes, pour prévenir toutes les difficultés qui naissent en foule de l'ignorance des circonstances locales et de la variation des récits : un seul fait mal expli-qué suffit pour renverser le plan le mieux com-biné, et je ne me flattais assurément pas que vous vous en rapporteriez, sans examen, à ma manière de voir. J'avais, au contraire, tout lieu de craindre que mes opérations en Amérique, et les mesures que je proposerais, ne fussent croisées par ce qu'on ferait en Europe. Je voyais que, malgré toutes mes représentations, et ce que l'on avait appris des maux causés par l'engorgement des hommes, on continuait d'en envoyer; je savais combien l'embarras présent de garder ces hommes à Saint-Jean d'Angely était grand, et qu'on ne

pouvait pas apprécier en France, aussi exactement que sur les lieux, l'embarras plus grand encore de les empêcher de périr à Cayenne.

Je ne pouvais ignorer combien votre façon de
penser à mon égard était changée; je savais que
malgré l'étendue des pouvoirs qui m'étaient confiés, malgré la délicatesse de la commission dont
j'étais chargé relativement à l'intendant, quoique
je fusse autorisé à le destituer, et même à le faire
arrêter, je ne pouvais pas me regarder comme
assuré de la même confiance que vous m'aviez
autrefois témoignée; j'avais senti l'effet des impressions qu'on vous avait données contre moi dans
les discours que vous me tîntes peu de jours avant
mon départ. J'avais cru voir que vous auriez été
fort aise alors de piquer ma sensibilité pour me
pousser à vous remettre ma commission, et me
prendre au mot; cela n'aurait pas été difficile si
je n'avais, en effet, écouté que ma sensibilité;
l'honneur et le devoir me retinrent. Je vous avais
offert, au mois de février, de renoncer, si vous le
jugiez utile, au gouvernement de la Guyane, dans
un temps où n'y ayant contre M. de Chanvalon que
des soupçons susceptibles de doute, et que vous
pouviez ne pas adopter, le danger de la mésintelligence des chefs semblait vous conduire naturellement à n'en choisir qu'un des deux, mais je
n'étais plus dans les mêmes circonstances. L'état

fâcheux de la colonie était connu ; si j'avais pu l'abandonner, le public, qui aurait ignoré les dégoûts que vous m'aviez fait essuyer, n'eût vu dans ma démarche qu'une légéreté et un découragement condamnable, et l'on n'aurait pas manqué de rejeter sur moi tous les malheurs de la colonie. Mais ces malheurs étaient pour moi le motif le plus puissant de partir ; j'aurais regardé comme un crime d'en laisser les habitans à la merci d'une administration suspecte, que ma retraite aurait mis en liberté de tout oser. Je ne doutais même pas que les sollicitations de ceux qui craignaient l'événement de l'examen dont vous m'aviez chargé, n'eussent beaucoup influé sur la manière dont vous me traitiez alors ; cette conjecture est devenue pour moi une certitude, depuis que j'ai vu une lettre écrite à M. de Chanvalon, dans laquelle on lui rendait compte de la dernière conversation que vous aviez eue avec moi avant mon départ.

Je n'ai pas non plus ignoré les discours qui ont été tenus dans le temps de mon embarquement, ni l'affectation avec laquelle les mêmes personnes, qui auraient tant désiré que je ne fusse pas parti, cherchaient à répandre dans le public que je ne voulais pas partir, et s'efforçaient de faire regarder mes prétendus retards comme la cause des désordres de la colonie. Je savais qu'on n'avait rien épargné pour donner ces impressions au pu-

blic, et même au roi. J'avais pris mon parti, de
ne regarder que mon devoir et de remplir ce qu'il
me prescrivait, quoiqu'il dût m'en arriver; mais
dans une pareille position, assuré de toutes les
résistances qu'on opposerait auprès de vous, à
tout ce que j'aurais fait ou proposé, j'ai cru plus
que jamais indispensable de venir, sans délai, vous
rendre compte de ce que j'avais vu, de ce que
j'avais fait, et de ce que je pensais qu'il y avait
à faire.

Avais-je tort, Monseigneur, d'imaginer que,
pendant mon absence, j'avais tout à craindre de la
manière dont vous me jugeriez? et croyez-vous
qu'en apprenant à mon arrivée l'ordre que vous
aviez fait expédier pour mon rappel, j'ai pu ne
pas m'applaudir d'être venu vous instruire de la
vérité?

C'était pour vous la faire plus surement connaître que j'avais cru devoir amener aussi avec
moi M. Morisse. C'était, je ne le dissimule pas,
pour m'armer, contre la prévention que je crai-
gnais, et de ses lumières et des connaissances
qu'il avait recueillies pendant son séjour dans le
pays qu'il avait administré; enfin, de la confiance
que sa probité devait vous inspirer.

Il est vrai que je m'étais trop flatté en espérant
ce fruit de mon voyage; mais s'il doit être infructueux par l'événement, je n'aurai pas, du moins,

de reproches à m'en faire. Vous êtes persuadé que je n'ai rien d'utile à vous dire, et vous m'avez déclaré trop nettement que vous n'aviez pas besoin de mes projets pour que je puisse insister : je n'ai pas le droit d'exiger que vous m'écoutiez, si ce n'est pour me justifier lorsque vous m'accusez.

Avant de partir de la colonie, j'ai tâché de mettre dans son administration tout l'ordre qu'il était possible d'y établir, après le désordre qui y avait régné ; j'ai pris toutes les mesures que le local et les circonstances permettaient pour faire distribuer le reste des colons sur différens terrains, aussitôt que la saison des pluies serait passée, et j'ai chargé des officiers de confiance de présider à cette distribution dans chaque canton, conformément aux arrangemens que j'avais pris, de concert avec M. Morisse et les principaux officiers de la colonie. M. de Behague, et, à son défaut, M. de Fiedmont, devaient commander en mon absence; et j'avais chargé de faire les fonctions d'intendant, dans l'absence de M. Morisse, M. Macaye, procureur-général du conseil supérieur, homme sage, et qui a la confiance des habitans : ces personnes sont très-capables de faire tout ce que l'état actuel de la colonie exige. Ainsi, j'étais assuré qu'elle ne souffrirait point de mon éloignement, et je devais craindre, au contraire, que la prolongation de mon séjour ne lui devînt funeste par l'incerti-

...ude du plan qu'on adopterait, et les fausses mesures qu'on continuerait de prendre en France.

Vous m'avez reproché de n'avoir rien fait à la colonie. Je crois pourtant y avoir fait quelque chose, et même tout ce qu'il était possible d'y faire dans la circonstance. Si j'ai pu réussir à substituer l'ordre dans les différentes parties de l'administration à l'excès du désordre qui y régnait, je ne crois pas avoir fait un voyage inutile. Le mémoire que nous avons eu l'honneur de vous présenter, M. Morisse et moi, vous indiquait plusieurs de nos opérations communes ; car je ne fais pas difficulté d'avouer que tout ce que j'ai fait sur l'administration a été autant son ouvrage que le mien. Nous serions entrés dans de plus grands détails si vous aviez voulu nous écouter, et nous nous y livrerons quand vous le désirerez.

Vous avez sur-tout insisté sur ce que je n'avais point été à Kourou ; lorsque vous m'avez fait ce reproche, vous ignoriez, sans doute, que je n'ai pas passé plus d'un mois dans la colonie sans être atteint de la maladie contagieuse, dont presque toute ma maison a été successivement attaquée, et qui en a enlevé douze personnes sur vingt ; qu'à cette maladie ont succédé un flux de sang et une convalescence très-languissante, qui ne pouvaient guère me permettre de voyager dans une saison aussi peu favorable. J'aurais fait l'impossible pour aller à Kourou, si j'eusse regardé ce voyage comme absolument nécessaire, mais je n'en avais pas besoin pour constater des faits trop notoires, et sur lesquels les procès-verbaux qui ont été dressés ne laissaient aucun doute. La saison ne permettait pas de faire aucun établissement dans les terres; et, quant à l'objet de connaître le pays, le voyage de Kourou ne m'aurait pas plus instruit que celui de toute autre partie de la Guyane.

Quelque désir que j'eusse de satisfaire, à cet égard, ma curiosité, le temps que me laissait la maladie m'était trop nécessaire pour les occupations forcées auxquelles j'étais obligé de me livrer; enfin, j'ai cru le mieux employer.

Vous avez continué de nous blâmer d'avoir renvoyé des bâtimens chargés d'hommes et de vivres, quoique nos raisons fussent expliquées dans le mémoire que nous vous avons remis, M. Morisse et moi; ces raisons sont d'une évidence telle que je ne puis rien y ajouter, et que je suis forcé de me borner à vous répéter que les hommes ont été renvoyés pour ne les pas livrer à la contagion, qui en eût enlevé la plus grande partie, et que leur nombre aurait encore augmenté; et qu'à l'égard des vivres, la diminution qu'avait fait la mortalité dans le nombre des hommes les rendant superflus, ils se seraient nécessairement corrompus si nous les eussions gardés à Cayenne, et ils auraient été perdus pour le roi.

On m'a fait un crime des passe-ports que j'ai donnés à ceux des habitans qui ont voulu revenir en France : pourquoi les aurais-je retenus? Condescendre à leurs désirs, c'était faire le bien de la colonie; c'était, en diminuant le nombre des hommes, diminuer le danger de la contagion et la difficulté de les placer. D'ailleurs, ces hommes étaient-ils esclaves? et n'aurait-ce pas été me rendre coupable du dernier degré de tyrannie et d'inhumanité que de les forcer de rester dans un pays où ils n'avaient plus d'espérances de fortune, où la plus grande partie avaient perdu leur santé, et où les ravages de la contagion leur mettaient à chaque instant sous les yeux l'image de la mort, que la frayeur et le désespoir eussent rendus presque infaillible ?

On pouvait, je l'avoue, prévoir que ces malheureux, de retour en France, en racontant ce qu'ils avaient souffert et les mauvais succès de la colonie, pourraient faire porter au public un jugement fâcheux sur l'entreprise de Cayenne; j'en suis d'autant plus affligé, que le malheur que j'ai eu d'être pour quelque chose dans l'exécution, m'expose à partager le désagrément de ces murmures ; mais c'est un inconvénient inévitable. Quand j'aurais été l'auteur du projet, quand toutes les fautes qui ont été commises, et les malheurs qu'elles ont entraîné, auraient été mon ouvrage,

je n'aurais pas voulu couvrir mes fautes par un
crime mille fois plus grave, et forcer des misérables à rester au milieu de la contagion pour les
empêcher de rendre témoignage contre moi; mais
je me flatte qu'ils me rendent justice et qu'ils ne
m'attribuent pas leurs malheurs.

Il est encore une imputation sur laquelle je dois
me justifier : c'est l'excès des dépenses que j'ai,
dit-on, ordonnées pendant mon séjour à la colonie. Comme cette imputation nous est commune,
à M. Morisse et à moi, nous nous justifierons tous
deux, et nous n'en serons point embarrassés;
chaque article de dépense sera discuté en particulier; en attendant, je me contenterai de vous
observer que dans les sommes de dépenses ordonnées pendant notre administration, il y en a
dont nous ne pouvons répondre; il y en a qui ne
sont que le paiement de marchés ou de travaux
faits du temps de M. de Chanvalon; d'autres ont
été des suites nécessaires d'opérations commencées
par lui, que nous n'aurions peut-être pas entreprises, mais que nous ne pouvions nous dispenser
de continuer. Quant aux dépenses qui nous sont
propres, nous nous réservons de vous prouver,
article par article, qu'il n'en est aucune qui n'ait
été dictée par la nécessité, ou par la justice, ou
par l'humanité. Je n'ajouterai qu'un mot sur un
point qui m'est personnel, c'est le supplément

d'appointemens que j'ai accordé aux officiers. Je ne l'ai fait que sur la comparaison de ce qu'il leur en coûtait chaque jour à l'auberge, pour vivre très-mesquinement, avec ce qu'ils retiraient de leur paie; j'ai cru que le roi ne les avait pas envoyés à Cayenne pour les réduire à mourir de faim.

Je crois avoir à-peu-près parcouru les différens objets de reproches qui m'ont été faits; je finirai cette espèce d'apologie en vous rappelant que je n'ai point désiré la place de gouverneur de Cayenne; c'est vous qui m'avez cherché pour me l'offrir; je ne l'ai acceptée qu'en cédant à vos instances; j'y étais si peu attaché, qu'en vous rendant compte, au mois de février 1764, des premiers soupçons sur M. de Chanvalon, et en vous priant de les vérifier, je vous proposai de remettre le gouvernement, si vous le jugiez utile au bien du service, et de remettre en même temps tout ce que j'avais reçu du roi. D'après cela, Monsieur, quand j'aurais fait des fautes, j'ose dire que vous ne seriez pas en droit de m'en faire les mêmes reproches que vous feriez à tout autre; j'aurais toujours à vous dire, pourquoi m'avez-vous choisi? Pourquoi m'avez-vous fait quitter ma tranquillité pour me faire prendre une place dont j'étais in-capable et que je ne désirais pas? Vous pouvez, Monsieur, m'avoir jugé trop avantageusement du

côté des talens ; de tout autre côté je crois être
connu ; au surplus, j'ignore qu'elles fautes j'aurais commises. Quand j'aurais eu les plus grands
talens, la position où j'ai trouvé la colonie m'aurait empêché de rien entreprendre de difficile, et
je suis persuadé que pour y faire tout ce que les
circonstances permettaient, il suffisait d'avoir du
zèle et les intentions droites.

Cette lettre est devenue insensiblement un mémoire justificatif très-long ; je suis bien fâché
d'avoir été obligé de me livrer à des détails qui
vous ennuieront peut-être, et qui ne sont pas
moins désagréables pour moi ; mais je dois à moi-
même et à ma famille de réclamer de la manière
la plus forte contre des imputations injustes ; je me
dois de ne pas supporter en silence d'être traité
comme si j'étais coupable.

Vous m'avez déclaré que je n'étais plus gouverneur de la Guyane. Puisque je n'ai point désiré
cette place, je puis encore moins la regretter ; je
n'aurais retourné à la colonie qu'autant que le roi
l'aurait jugé nécessaire pour le bien de son service, et ce que je viens d'éprouver est bien propre
à faire renaître mon goût pour la vie tranquille.
Au surplus, si en changeant de vues sur la colonie
de la Guyane, vous cessiez de la regarder comme
un objet assez considérable pour y entretenir un
gouverneur et un intendant sur le même pied que

dans les autres colonies, je serais fort loin de blâmer cette économie ; et dans le plan d'administration que nous devions vous présenter, M. Morisse et moi, nous aurions été les premiers à vous proposer la suppression de toutes dépenses qui n'ont pas été absolument nécessaire.

Il n'est nullement dans ma façon de penser de désirer des grâces que je ne croirais pas mériter par des services vraiment utiles ; c'est par une suite de cette disposition que dès les premiers temps de mon arrivée, j'ai eu l'honneur de vous dire que je ne profiterais pas de la pension de douze mille francs dont vous m'aviez envoyé le brevet ; non qu'assurément je ne sache le respect avec lequel on doit recevoir les marques de la bienveillance du roi ; mais parce que n'ayant pas eu le bonheur de réussir à établir la colonie de la Guyane, je n'ai pu lui rendre un service proportionné à cette récompense. Mon objet était aussi, en remettant cette pension, de vous faciliter les moyens de récompenser, sans augmenter les dépenses, des personnes qui ont besoin des bontés du roi, et qui les ont méritées en rendant les services les plus réels à la colonie, en même-temps je croirais me donner un titre de plus pour vous solliciter en leur faveur : ces personnes sont M. de Behague, M. Morisse, M. Fiedmont, M. de Macaye, procureur-général du conseil-supérieur, et

M. Baron , ingénieur en chef. La marque la plus précieuse que le roi peut me donner de sa satisfaction , serait de leur partager la pension que ses bontés m'avaient destinée ; mais j'avoue qu'ils doivent encore plus l'obtenir à titre de justice.

Je reviens à la révocation que vous semblez m'avoir annoncée. Comme je suis fort loin de l'avoir méritée , comme elle ne pourrait être fondée que sur la désapprobation de ma conduite, comme elle paraissait, de votre part , une approbation tacite de toutes les fausses imputations qu'on a répandues , et que j'ai détruites dans cette lettre , je ne puis m'empêcher, Monseigneur , de vous prier de vouloir bien vous expliquer sur cet article , et sur ma conduite, de façon à lever tout nuage. Vous me devez , j'ose le dire , et vous vous devez à vous-même , de démentir des inculpations fausses, auxquelles la manière dont vous m'avez reçu paraîtrait donner du poids.

Je conçois tout le chagrin qu'a pu vous causer ce malheureux succès d'une entreprise dont vous aviez espéré des avantages considérables pour l'état ; j'en ai été aussi affligé que vous ; mais je ne dois pas en souffrir, puisque je ne suis ni l'auteur du projet, ni la cause du mauvais succès, le projet était formé avant même que je fusse nommé. Quant au mauvais succès, vous savez que j'ai toujours réclamé contre ces envois d'hommes multi-

pliés et précipités. Je dois même à M. de Chanvalon la justice de dire qu'il vous a aussi fait des
représentations à cet égard, quoiqu'il ait à se
reprocher de n'avoir pas toujours tenu le même
langage, et de ne vous avoir pas instruit plus exactement de l'état des choses depuis son arrivée dans
la colonie.

A l'égard du choix même de M. de Chanvalon,
je ne disconviendrai pas que j'ai pu y contribuer
par le témoignage que je rendis de lui à MM. Tru-
daine et Chauvelin, lorsqu'il sollicitait l'inten-
dance de la Guadeloupe; mais je ne l'ai présenté
que comme un homme d'esprit : je n'ai point ré-
pondu de son caractère, n'ayant jamais vécu
avec lui dans une société intime, et vous pouvez
prendre, pour en être exactement informé, des
moyens que je n'avais pas. Aussitôt que j'ai eu
connaissance des soupçons qui s'élevaient sur sa
conduite vis-à-vis des concessionnaires, je vous en
ai instruit comme je le devais.

Il me sera facile de prouver ces faits, et j'ai
trop d'intérêt à ce que la vérité soit connue, pour
laisser subsister le moindre doute, à cet égard,
sur aucune partie de ma conduite. L'honneur me
fait un devoir d'employer tous les moyens pos-
sibles pour dissiper les fausses impressions qu'on a
cherché à répandre, et ma famille est en droit de
l'exiger de moi. Cependant, je n'ai voulu faire

jusqu'ici aucune démarche pour ma justification, et j'ai voulu l'attendre de vous seul; j'ai espéré que le temps et l'examen vous feraient revenir de vos premières idées, et je l'espère aujourd'hui plus que jamais.

Je suis avec respect, etc.

FIN.

TABLE

DES MATIÈRES.

Fin de la Table des Matières.